Maria

ro
ro
ro

W0055979

rowohlts monographien
begründet von Kurt Kusenberg
herausgegeben von Wolfgang Müller
und Uwe Naumann

ro
ro
ro

Maria

Dargestellt von Alan Posener

Rowohlt Taschenbuch Verlag

Umschlagvorderseite: Die Sixtinische Madonna,
Gemälde von Raffael, um 1513 (Ausschnitt).
Dresden, Gemäldegalerie, Alte Meister
Umschlagrückseite: Grünewald, Isenheimer Altar, 1512–1516.
Mittelteil: Maria und der Apostel Johannes (Detail).
Colmar, Musée d'Unterlinden
Prozession in Fatima (Portugal)
am Jahrestag der Marienerscheinung
vor Kindern. Die Prozession findet
jedes Jahr am 13. Mai statt

Seite 3: Maria mit dem Kind und singenden Engeln.
Gemälde von Sandro Botticelli, um 1477.
Berlin, Gemäldegalerie
Seite 7: Grünewald, Maria mit Kind
(sog. Stuppacher Madonna), um 1518. Stuppach,
Pfarrkirche Maria Himmelfahrt

Originalausgabe
Veröffentlicht im Rowohlt Taschenbuch Verlag
GmbH, Reinbek bei Hamburg, November 1999
Copyright © 1999 by Rowohlt Taschenbuch Verlag
GmbH,Reinbek bei Hamburg
Alle Rechte an dieser Ausgabe vorbehalten
Umschlaggestaltung Ivar Bläsi
Redaktionsassistenz Karolin Marhencke
Reihentypographie Daniel Sauthoff
Layout Gabriele Boekholt
Satz PE Proforma *und* Foundry Sans
PostScript, QuarkXPress 4.04
Gesamtherstellung Clausen & Bosse, Leck
Printed in Germany
ISBN *3 499 50621 7*

INHALT

Vermutungen über eine jüdische Mutter

Nazaret

Die Häuser der Stadt Nazaret* drängen sich einen steilen Hügel hinauf, als wollten sie dem Tal entkommen. Wenn es regnet, verwandeln sich die engen Gassen des Marktes, auf dem arabische Händler dem Touristen Kruzifixe und Davidsterne, Palästinenserkopftücher und Marienmedaillons anbieten, trotz der neuen Kanalisation in Sturzbäche, die Schlamm und Geröll mit sich führen. Und es regnet hier nicht selten. Der Westwind führt die Feuchtigkeit und die Gerüche des Mittelmeers mit sich, kommt von Häfen wie Sidon, Tyrus, Akko und Joppe her, streift über die fruchtbare Ebene Jesreel mit ihren Obstbäumen und regnet sich in den Bergen Galiläas aus. Vor zweitausend Jahren wuchsen, wo jetzt auf steinigen Wiesen Ziegen und Schafe weiden, dichte Wälder. Ihre Bäume lieferten Baumaterial für die Hütten und Paläste der Einheimischen und ihrer wechselnden Herren und für die Schiffe der seefahrenden Phönizier, Griechen, Römer, Araber und Kreuzfahrer sowie für die Boote der Fischer auf dem See Gennesaret, einen guten Tagesmarsch von Nazaret entfernt; Holz aus Galiläa fand seinen Weg wohl auch südwärts in die heilige Stadt Jerusalem für die Bauarbeiten am Tempel und auch für die Herstellung von Kreuzen für die

* Die Schreibweise aller biblischen Namen folgt der ökumenischen «Einheitsübersetzung der Heiligen Schrift»

7

römische Besatzungsmacht, die nicht selten am störrischen
Volk der Juden ein Exempel statuierte. Für einen Zimmermann
und Bautischler wie Josef ben Jakob wird es genug Arbeit gegeben haben, und also Brot für seine Frau Mirjam, die wir Maria
nennen, und ihre Kinder. Noch heute, obwohl die Wälder ge-
schrumpft sind, riecht es in Nazaret immer wieder aus dunklen
Gewölben nach Holzleim und Hobelspänen.

Heute ist die Stadt Marias, wie sich Nazaret stolz nennt,
die größte arabische Stadt Galiläas. Die jüdische Frau wird von
christlichen und muslimischen Arabern verehrt; ihrem besonderen Schutz sei es zu verdanken, so hört man überall,
daß der Stadt, Wallfahrtsort und Wahlheimat für Menschen

verschiedenster Kulturen und Konfessionen, bis heute die blutigen Kämpfe erspart blieben, die religiöser Eifer und ethnischer Haß gerade in diesem Teil der Erde so oft hervorgerufen haben.

Auch als Maria hier lebte, war Nazaret alles andere als ein weltabgewandtes Nest. Vom Mittelmeer kamen nicht nur Wind und Regen. Händler aus allen Ländern des Vielvölkerreichs mußten auf ihrem Weg nach Osten die Berge passieren. Gelegentlich zog auch ein Centurio mit seiner Truppe durch, in der sich Soldaten aus Italien, Spanien, Griechenland oder Nordafrika, aber auch blonde, rotgesichtige Germanen befinden mochten. Noch mehr fremde Gesichter gab es in der Verwaltungsstadt Sepphoris in der westlichen Ebene zu bestaunen, zu deren Bau die Besatzer aus der ganzen Umgebung Bauhandwerker abkommandierten, darunter vielleicht auch Marias Ehemann Josef und ihren ältesten Sohn Jesus, der wie sein Vater Zimmermann geworden war.

Am Ostufer des Sees Gennesaret siedelten Griechen, die mit Alexander dem Großen gekommen waren und nicht nur eine bunte Götterwelt mit sich brachten, in der sich Himmlische und Irdische paarten und vermischten, sondern auch die Ideen solcher Wahrheitssucher wie Platon und Sokrates. Weiter östlich verehrten die Völker Göttinnen der Liebe und der Mutterschaft wie Ischtar/Astarte und brachten ihren Kult mit ihren Karawanen mit; übrigens war die Erinnerung an diese Himmelskönigin seit den Tagen der Kanaaniter und Philister auch in Israel nie ganz ausgestorben. Am Westufer des Sees genossen römische Offiziere auf Urlaub vom Dienst in den steinigen Bergen Judäas oder der Wüste Syriens das angenehme Klima, das sie an ihre europäische Heimat erinnerte, vergnügten sich in den Bädern und Bordellen der neu erbauten, nach dem Gott-Kaiser benannten Stadt Tiberias oder ließen sich als Pensionäre in Städten wie Kafarnaum nieder, wo eine ihnen selbst nicht ganz geheure Sehnsucht sie am Sabbat vor die Tore der Synagoge trieb, um mit anderen Unbeschnittenen der Lesung aus der Tora und der Predigt zu lauschen, die einer ins Griechische übersetzte, die Lingua Franca des Ostens.

Kafarnaum heute

Nach Süden hin trennten die Berge von Samaria – deren von den Assyrern zwangsangesiedelte Bevölkerung neben dem Gott Israels zahlreiche eigene Gottheiten verehrte – Galiläa vom Kernland Judäa und von der heiligen Stadt Jerusalem. Kurz, dieses vom Propheten Jesaja schlicht als «heidnisch» (Mt 4,15; Jes 8,23*) bezeichnete Land war den buntscheckigsten Einflüssen ausgesetzt, «multikulturell» wie das Weltreich der Römer, und es wundert nicht, daß die Juden im rechtgläubigen und bigotten Jerusalem über die Galiläer die Nase rümpften; und nicht nur sie: Als der spätere Jünger Natanaël – selbst aus dem Nachbardorf Kana stammend – den Herkunftsort Jesu erfährt, platzt es spontan aus ihm heraus: «Aus Nazaret? Kann von dort etwas Gutes kommen?» (Joh 1,46)

* Zur Zitierweise biblischer Stellen siehe Anhang

Gerade diese etwas anrüchige Herkunft, die zwei der vier Evangelisten bewegte, wenigstens den Geburtsort des Messias nach Betlehem zu verlegen, der Stadt Davids in der Nähe Jerusalems im «jüdischen Land», spricht für die Historizität des Menschen Jesus, und damit auch für die Historizität seiner Mutter.

Die Beziehung zur Mutter ist die intimste und problematischste unserer Existenz. Jede Vaterschaft hingegen ist in einem gewissen Sinne Adoption. Ohne Maria kein Jesus. Das ist der Ausgangspunkt jeder Beschäftigung mit Maria, ob man in ihr als Christ die Mutter Gottes, als Muslime die Mutter des letzten großen Propheten vor Mohammed, als Jude – je nach Standpunkt – die Mutter eines Ketzers oder Erneuerers erblickt – oder einfach die Mutter eines außergewöhnlichen Menschen, dessen Leben die Welt verwandelt hat.

Die Zeugungsgeschichte nach Matthäus: «Hinweis auf einen Skandal»?

«Mit der Geburt Jesu Christi war es so: Maria, seine Mutter, war mit Josef verlobt; noch bevor sie zusammengekommen waren, zeigte sich, daß sie ein Kind erwartete [...]» (Mt 1,18). Die knappen Worte des Evangelisten Matthäus lassen viel offen: Wie «zeigte sich» die Schwangerschaft des Mädchens? War sie bereits für alle sichtbar? Oder hat die Verlobte des Zimmermanns ihm heimlich von dem Kind gebeichtet, dessen Herkunft ihr selbst, wie es hier scheint, ein Rätsel war? Von der Angst und Seelenqual der jungen Frau, selbst noch ein halbes Kind von höchstens vierzehn, vielleicht sogar nur zwölf Jahren[1], erfahren wir bei Matthäus nichts; wohl aber, daß ihre Erklärungen, wenn sie denn, verwirrt und stammelnd vielleicht, überhaupt etwas zu klären versucht hat, bei ihrem Verlobten zunächst auf taube Ohren stießen. «Josef, ihr Mann, der gerecht war und sie nicht bloßstellen wollte, beschloß, sich in aller Stille von ihr zu trennen.» (Mt 1,19)

Josef wird als «gerecht» charakterisiert, was im Kontext der Bibel und der Zeit heißt: Er ist ein Jude, der das Gesetz des

Der Traum Josefs. Gemälde von Rembrandt Harmensz
van Rijn, 1645, Berlin, Gemäldegalerie

Mose achtet und einhält. Dieses Gesetz aber schreibt vor (Dt
22,23 ff.): «Wenn ein unberührtes Mädchen mit einem Mann
verlobt ist und ein anderer Mann [...] sich mit ihr hinlegt, dann
sollt ihr beide [...] steinigen, und sie sollen sterben [...]. Du
sollst das Böse aus deiner Mitte wegschaffen.» Offenbar
schreckt Josef vor einer solchen erbarmungslosen Gerechtigkeit zurück. Macht er sich heimlich davon, wird man in ihm
den Vater des Kindes vermuten, seine sexuelle Unbeherrscht-
heit und seine Treulosigkeit verurteilen, die Verführte und
Verlassene aber schonen. Vorehelicher Verkehr zwischen Verlobten ist zwar verpönt, aber keine Sünde, gilt vielmehr als
Vollzug der Ehe. So wird er, der schuldlos ist, alle Schuld auf
sich nehmen. Doch sein Gewissen – oder die Liebe zu seiner
Verlobten – läßt ihm diesen Ausweg nicht: «Während er noch
darüber nachdachte, erschien ihm ein Engel des Herrn im

Traum und sagte: Josef, Sohn Davids, fürchte dich nicht, Maria als deine Frau zu dir zu nehmen; denn das Kind, das sie erwartet, ist vom Heiligen Geist. Sie wird einen Sohn gebären; ihm sollst du den Namen Jesus geben; denn er wird sein Volk von seinen Sünden erlösen. [...] Als Josef erwachte, tat er, was der Engel des Herrn ihm befohlen hatte, und nahm seine Frau zu sich. Er erkannte sie aber nicht, bis sie ihren Sohn gebar. Und er gab ihm den Namen Jesus.» (Mt 1,20 ff.)

Diese scheinbar einfache Geschichte hat etwas unmittelbar Einleuchtendes, Ansprechendes und Anrührendes. Dazu tragen die nüchterne, diskrete Sprache und das Schweigen der Hauptperson Maria bei. Ja, sagt man sich, so könnte es gewesen sein. Eine Frau und ein Mann geraten in eine nur zu gewöhnliche, aber schlimme Lage – sagt der ungläubige Mensch – und verwandeln sie durch Vertrauen und Liebe in etwas, das die Bezeichnung heilig verdient, wodurch sie sich als ganz und gar nicht gewöhnliche Menschen erweisen. Zwei Menschen geraten in eine vollkommen ungewöhnliche, weil gottgewollte, wunderbare Lage – sagt der gläubige Mensch – und werden ihr gerecht, weil sie auf ihren Gott vertrauen, wodurch sie sich als ganz und gar ungewöhnliche Menschen erweisen. Vielleicht liegen beide Aussagen gar nicht so weit voneinander entfernt. Matthäus berichtet (Mt 22,34 ff.), wie ein Gesetzeslehrer Jesus fragte: «Meister, welches Gebot im Gesetz ist das wichtigste? Er antwortete ihm: Du sollst den Herrn, deinen Gott, lieben mit ganzem Herzen, mit ganzer Seele und mit all deinen Gedanken. Das ist das wichtigste und erste Gebot. Ebenso wichtig ist das zweite: Du sollst deinen Nächsten lieben wie dich selbst. An diesen Geboten hängt das gesamte Gesetz samt den Propheten.» So erweist sich die Geschichte der Zeugung bei Matthäus als eine Art Haggada: eine Erzählung, die eine Lehre illustriert.

Als erwachsener Mann wurde Marias Sohn – wie die vier Evangelisten übereinstimmend bezeugen – geradezu berüchtigt dafür, daß er die Doppelmoral der Männer und der herrschenden Ehe- und Sexualgesetze bloßstellte. So lehnte er die Scheidung ab und sagte den Pharisäern, also den streng auf Erfüllung des Gesetzes bedachten Juden (Mt 19,3 ff.): «Nur weil ihr so hartherzig seid, hat Mose euch erlaubt, eure Frauen aus der Ehe zu entlassen.» Im Haus eines solchen Pharisäers ließ er sich von einer stadtbekannten «Sünderin» – also einer Hure oder gewohnheitsmäßigen Ehebrecherin – die Füße waschen und erklärte dem schockierten Gastgeber: «Ihr sind ihre vielen Sünden vergeben, weil sie so viel Liebe gezeigt hat. Wem aber wenig vergeben wird, der zeigt auch wenig Liebe.» (Lk 7,47) Wo Sitte und Erziehung dem Mann nahelegten, die Frau als verkörperte Verführung und damit als Werkzeug des Bösen abzuwerten, drehte Marias Sohn den Spieß um und sprach von männlichen Sexualphantasien: «Wer eine Frau auch nur lüstern ansieht, hat in seinem Herzen schon Ehebruch mit ihr begangen.» (Mt 5,27)

Es war nur folgerichtig, daß ihm neben den zwölf Jüngern viele Frauen folgten, «die er von bösen Geistern und von Krankheiten geheilt hatte», darunter Maria aus Magdala am See Gennesaret, «aus der sieben Dämonen ausgefahren waren» (Lk 8,1 – 3). Und es war kein Zufall, daß ihm die Pharisäer in Jerusalem eine beim Ehebruch ertappte Frau brachten und sagten: «Mose hat uns im Gesetz vorgeschrieben, solche Frauen zu steinigen. Nun, was sagst du?» Denn mit dieser Frage «wollten sie ihn auf die Probe stellen […]. Jesus aber bückte sich und schrieb mit dem Finger auf die Erde. Als sie hartnäckig weiterfragten, richtete er sich auf und sagte zu ihnen: Wer von euch ohne Sünde ist, werfe den ersten Stein auf sie. Und er bückte sich wieder und schrieb auf die Erde. Als sie seine Antwort gehört hatten, ging einer nach dem anderen fort, zuerst die Ältesten. Jesus blieb allein zurück mit der Frau […]. Er richtete sich auf und sagte zu ihr: Frau, wo sind sie geblieben? Hat dich keiner verurteilt? Sie antwortete: Keiner, Herr. Da sagte Jesus zu ihr: Auch ich verurteile dich nicht. Geh und sündige von jetzt an nicht mehr!» (Joh 7,53 ff.)

In der Haggada von der Zeugung Jesu, wie sie Matthäus erzählt, liegt nicht nur eine theologische, sondern auch eine verführerische psychologische Schlüssigkeit. Haben wir es also bei der außerehelichen Schwangerschaft der Maria mit einer historischen Tatsache zu tun? Eine Gemeinschaftsstudie von protestantischen und römisch-katholischen Gelehrten kam zum Ergebnis: «Wäre diese Interimssituation» – also die Entdeckung der Schwangerschaft noch während der Verlobungszeit – «nur rein fiktiv, dann könnte man nicht erklären, warum christliche Erfindungsgabe den Moment der Empfängnis so ungeschickt gewählt haben sollte [...].» Hätte Maria etwa am Vorabend ihrer Hochzeit empfangen, «dann wäre Jesus zu einem Zeitpunkt geboren, der keinen Hinweis auf einen Skandal hätte geben können. Aber wie die [...] Geschichte vorliegt, erfordert sie, daß Jesus merklich bald, nachdem seine Eltern ihr gemeinsames Leben aufgenommen hatten, geboren werden wird.»[2] So könnte die Geschichte von der Jungfrauenzeugung bei Matthäus – und Lukas, der die Umstände der Empfängnis ganz anders schildert, wie wir sehen werden, aber den gleichen «ungeschickten» und unschicklichen Zeitpunkt wählt – der Versuch sein, eine bekannte «Unregelmäßigkeit um Jesu Geburt»[3] theologisch zu erklären.

EXKURS:
GENEALOGIE UND SEXUALMORAL

Auch der von Matthäus angeführte Stammbaum Josefs (Mt 1,1 ff.) scheint auf eine solche Unregelmäßigkeit anzuspielen. Wie es patriarchalischen Vorstellungen entspricht, enthalten biblische Genealogien üblicherweise keine Frauennamen: Der Vater zeugt einen Sohn, der wiederum einen Sohn zeugt usw. Bei Matthäus aber sind vier Frauen in die Abfolge der Generationen eingeschoben: Tamar, Rahab, Rut und Batseba – sämtlich Frauen, deren Herkunft und Sexualmoral etwas Verruchtes oder zumindest Unordentliches anhaftet. Die Kanaaniterin Tamar verkleidet sich als Tempelhure und verführt ihren Schwiegervater Juda (Gen. 38); Rahab ist Prostituierte in der kanaanitischen Stadt Jericho (Jos 2,1 ff.); die Moabiterin Rut legt sich nach einem Erntefest zu ihrem reichen Verwandten Boas, der sie tags darauf zur Frau nimmt (Rut 1–4); Batseba, die Frau des Hetiters Uria, läßt sich von König David verführen (2 Sam 11).

Das Verhalten aller vier Frauen wird jedoch in der Bibel gerechtfertigt. Juda hat sich geweigert, Tamar nach dem Tod ihrer ersten beiden Männer auch seinen dritten Sohn als Gatten zu geben, wie es das Gesetz verlangt. Als die wegen unehelicher Schwangerschaft zum Tode verurteilte Schwiegertochter ihn als Vater benennt, ruft Juda betroffen: «Sie ist gerechter als ich», und nimmt sie zur Frau. Rahab versteckt die Spione des israelischen Feldherrn Josua bei sich und rettet ihnen so das Leben. Nach dem Fall der Stadt nimmt sie einer der Eroberer – nach einer älteren jüdischen Legende sogar Josua selbst – zur Frau. Von ihr heißt es in einem Brief, der bezeichnenderweise dem «Herrnbruder» Jakobus zugeschrieben wird (Jak 2,25): «Wurde nicht ebenso die Dirne Rahab durch ihre Werke als gerecht anerkannt [...]? Denn wie der Körper ohne den Geist tot ist, so ist auch der Glaube tot ohne Werke.» Rut gilt als Musterbild der Treue, weil sie nach dem Tod ihres ersten Mannes der jüdischen Schwiegermutter Noomi in ihre Heimat

Zeittafel I: 45 v. Chr. – 50 n. Chr.

44	Diktator Julius Cäsar in Rom ermordet
37 – 4	**Herodes der Große**
31	Caesar Octavianus wird erster Kaiser von Rom mit dem Ehrennamen Augustus und dem Titel «Sohn Gottes». Blüte der Kunst und Literatur (Horaz, Vergil, Ovid u. a.)
20?	**Geburt der Maria**
7?	**Geburt Jesu**
4	**Tod des Herodes, Aufteilung seines Königreichs**
0	- -
6	**Zelotenunruhen unter Judas dem Galiläer**
9	Vernichtung dreier Elitelegionen durch den Cheruskerfürsten Arminius im Teutoburger Wald
14	Tod des Augustus. Tiberius wird Kaiser von Rom
27 – 29	**Öffentliches Wirken Johannes des Täufers**
27 / 28?	**Taufe Jesu durch Johannes**
29	**Enthauptung des Johannes**
30?	**Kreuzigung Jesu**
33?	**Stephanus wird erster Märtyrer der Kirche**
33 / 35?	**Bekehrung des Paulus**
37	Gaius Caligula wird Kaiser von Rom
41	Ermordung Caligulas. Claudius wird Kaiser
48 / 49	**Apostelkonzil in Jerusalem billigt die Heidenmission des Paulus**

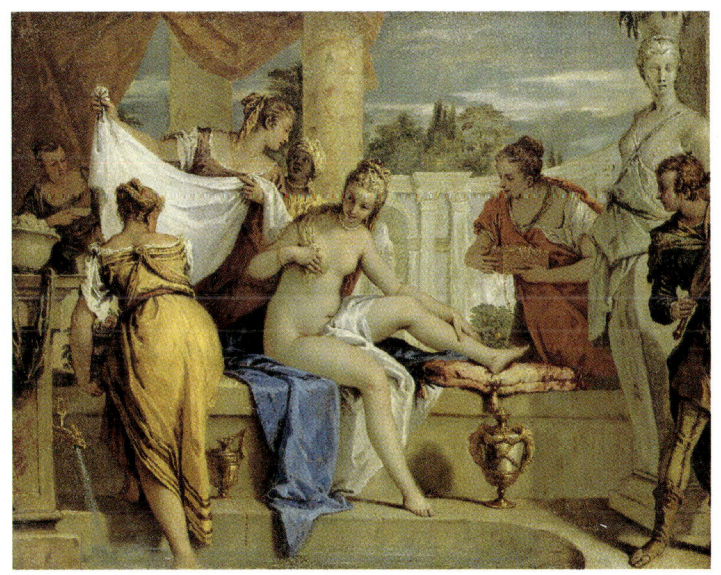

Batseba im Bade. Gemälde von Sebastiano Ricci,
um 1725. Berlin, Gemäldegalerie

Betlehem folgt und die Ketten ethnischer und religiöser Zu-
gehörigkeit sprengt: «Wohin du gehst, dahin gehe auch ich,
und wo du bleibst, da bleibe auch ich. Dein Volk ist mein Volk,
und dein Gott ist mein Gott.» Tamar, Rahab und Rut sind Ahn-
frauen des großen Königs David. Batseba schließlich wird Mutter des weisen Königs Salomo, der den ersten Tempel erbaut.

Auch diese Genealogie erweist sich also als Haggada: Frau-
en, die eine engstirnige Sexualmoral verurteilt, stehen vor
Gott und ihrem Volk als Gerechte da, nicht minder ehrwürdig
als die Ahnmütter Sara, Rebekka oder Rahel oder die vielen anderen starken Frauen, von denen die hebräische Bibel berichtet. Warum empfand es Matthäus aber als notwendig, diese
Lehre in der Einleitung seines Evangeliums zu unterstreichen?

Gerüchte und Polemik

Soviel ist sicher: Schon früh sind Gerüchte und Verleumdungen über Maria und ihren erstgeborenen Sohn im Umlauf. Im Markusevangelium, der Tradition zufolge von einem Mitarbeiter der führenden Apostel Petrus und Paulus verfaßt, wird Jesus nach einer Predigt in der Synagoge seiner Heimatstadt von seinen Mitbürgern beschimpft (Mk 6,2 f.): «Woher hat er das? [...] Ist das nicht der Zimmermann, der Sohn der Maria [...]?» Mit «Sohn der ...» wird aber einer bezeichnet, dessen Vater nicht bekannt ist.[4] Deshalb änderten auch die Evangelisten Matthäus und Lukas, die den Bericht über die Ablehnung Jesu von Markus übernahmen, gerade diese Stelle. Bei Matthäus sagen die Bürger Nazarets: «Ist das nicht der Sohn des Zimmermanns? Heißt nicht seine Mutter Maria?» Und bei Lukas: «Ist das nicht der Sohn Josefs?»

In einigen Talmudischen Erzählungen wird Jesus hingegen «Jeschu ben Pandera» genannt, Sohn des Pandera.[5] Seine Mutter Mirjam wird in der jüdischen Polemik, mit der sich Christen schon im 2. Jahrhundert auseinandergesetzt haben, die aber wahrscheinlich noch älter ist, manchmal als «Haarflechterin» – also Friseuse – und manchmal schlicht als «Hure» bezeichnet. Ihr Sohn ist «der Bastard». Die Überlieferung machte aus Pandera einen römischen Soldaten «Panthera», vielleicht im Zusammenhang mit dem Fall einer Jerusalemer Priestertochter namens Mirjam, die etwa zur Zeit der Geburt Jesu von einem Soldaten verführt wurde.[6] Im «Toldoth Jeschu», einer im 5. Jahrhundert verfaßten Lebensgeschichte Jesu aus jüdischer Sicht, wird Mirjam während ihrer Menstruation von einem betrunkenen Nachbarn verführt, der sich in der Dunkelheit als ihr Verlobter ausgibt.

Die Absicht solcher Geschichten, gegen den vom Christentum verkündeten Messias und seine Mutter Ekelgefühle und moralische Vorurteile zu mobilisieren, liegt auf der Hand; angesichts der zunehmend judenfeindlichen Haltung der Kirche ist das zwar verständlich, aber der deutsch-jüdische Philosoph Moses Mendelssohn hatte sicherlich recht, das «Toldoth Jeschu» als «Mißgeburt aus den Zeiten der Legenden» zu cha-

Maria am Spinnrocken. Tafelbild des Erfurter Meisters,
um 1400. Berlin, Gemäldegalerie

rakterisieren[7]. Das muß man auch dem protestantischen
Theologen Gerd Lüdemann entgegenhalten, für den «die jüdische Polemik [...] mit Abstrichen auf der richtigen Spur zu sein
[scheint]» und der zum Schluß gelangt, Maria sei das Opfer
einer Vergewaltigung gewesen[8]; vor der dann naheliegenden
und dem heutigen Zeitgeist entsprechenden Vermutung eines

Verkündigung an Maria. Gemälde von
Dante Gabriel Rossetti, 1849–53. London,
Tate Gallery

Inzestverbrechens, das übrigens Marias beharrliches Schweigen erklären würde, schreckt er allerdings zurück.

Nach einem bekannten Talmudspruch bedeutet Frechheit
gegenüber den Lehrern ein untrügliches Zeichen unehelicher
Zeugung, und zweifellos empfanden die meisten Juden, vor
allem aber die Lehrer und Priester, das Auftreten des Galiläers

als Provokation. Wenn also bereits zu Lebzeiten Jesu oder kurz nach seinem Tod Gerüchte über seine uneheliche Zeugung in Umlauf kamen, die Markus bekannt waren und die Matthäus und Lukas mit ihren Geburtsgeschichten aufgreifen und entkräften wollten, so beweist das nicht viel – möglicherweise nicht mehr, als daß in patriarchalisch geprägten Gesellschaften damals wie heute die Diffamierung der Mutter als wirksame Waffe angesehen wird, die Ehre eines Mannes herabzusetzen. Zur Ironie der Geschichte gehört es, daß Adolf Hitler diese Diffamierung als Ehrenrettung begriff; vermutlich aufgrund seiner Kenntnis der jüdischen Panthera-Legende erklärte er: «Jesus war ein Arier.»[9]

Und wenn es doch eine «Unregelmäßigkeit» gegeben hat? So bewiesen diejenigen, die sich darüber ereiferten, nur ihre eigene Engherzigkeit. Ob Maria verführt, vergewaltigt oder aber aus anderen Gründen verleumdet wurde: Josef beschämte ihre Kritiker, wie sein Sohn diejenigen beschämte, die zur Steinigung der Ehebrecherin bereit waren. Er nahm sie zur Frau, und sie gründeten in Nazaret eine Familie. Die Treue dieses Träumers soll hier gewürdigt werden, weil er mit diesem Liebesdienst schon beinahe unserem Blick entschwunden ist.

DIE HEILIGE FAMILIE

Im Jahre 62 n. Chr. wurde der junge Priester Josef ben Mattitjahu in Jerusalem Zeuge der Steinigung einer Gruppe von Christen, die wegen «Gesetzesübertretung» vom Hohen Rat zum Tode verurteilt worden waren. Jahre später erinnerte sich Josephus, wie sich der ehemalige Pharisäer inzwischen nannte, an den Vorfall und hielt ihn in seiner Geschichte der Juden fest. Wie sein großer Zeitgenosse Saulus/Paulus, der als Pharisäer ebenfalls ungerührt der Steinigung eines Christen beigewohnt hatte, ist Josef/Josephus ein Mann, durch dessen Biographie ein Riß geht, wenn auch ganz anderer Art als beim Apostel. Als die Juden im Jahre 66 gegen Rom revoltieren, befehligt er jüdische Aufständische in Galiläa, wird jedoch an die Römer verraten und rettet sein Leben durch einen Seitenwechsel. Bei der blutigen Strafexpedition des Titus, der im Jahre 70 Jerusalem erobert und den Tempel zerstört, dient Josephus Flavius, wie sich der ehemalige Rebell zu Ehren der Kaiserfamilie der Flavier nennt, dem römischen Feldherrn als Berater. Der Verräter des Aufstands wird aber seinem aus der Heimat vertriebenen und in alle Winkel des Reichs verstreuten Volk mit mehreren großen Büchern ein Denkmal setzen, das die Kaisertempel der Römer überdauert. In seinen «jüdischen Altertümern» berichtet Josephus von der damaligen Steinigung, die in Jerusalem einigen Aufruhr verursachte. Sie war vom Hohenpriester Hannas betrieben worden, dem Sohn jenes Hannas, der Jesus nach seiner Verhaftung verhört hatte (Joh 18,13). Nun wurde wieder ein Mitglied der Familie Opfer religiöser Intoleranz. Der Anführer der verurteilten Christen war nämlich der «Bruder des Jesus, der Christus genannt wird, mit Namen Jakobus».[10]

Dieser «Herrnbruder Jakobus», den wir auch aus den Evangelien, aus den Paulus-Briefen und aus der Apostelgeschichte des Lukas kennen, trug den Beinamen «der Gerechte». Seinen Vater und den älteren Bruder muß er an Gesetzesfrömmigkeit übertroffen haben; er soll als Gott geweihter «Nasiräer»[11] streng asketisch gelebt und ständig im Tempel um Sündenvergebung für das Volk gebetet haben. Er scheint nicht nur in seiner Gemeinde, sondern auch unter den Pharisäern wegen seiner Weisheit und seines charismatischen Auftretens großes Ansehen genossen zu haben; Josephus berichtet von ihrem entschiedenen Protest gegen das Todesurteil, das offensichtlich von der Priesterfraktion der Sadduzäer gefällt wurde, «die härter und liebloser sind als alle anderen Juden»[12]. Vielleicht hat Jakobus ihren Zorn erregt, weil er, wie viele ansonsten gesetzestreue Juden, Blutopfer und Altardienst abgelehnt hat, gemäß dem Spruch des Propheten Hosea (Hos 6,6): «Liebe will ich, nicht Schlachtopfer, Gotteserkenntnis statt Brandopfer.»

Schon früh gehörte Jakobus neben Petrus und Johannes zu den drei «Säulen» der Kirche, wie der Apostel Paulus bezeugt (Gal 2,9). Als Paulus drei Jahre nach seiner Bekehrung auf der Straße nach Damaskus, also etwa sechs bis acht Jahre nach dem Tod Jesu, zum ersten Mal die Leitung der Kirche in Jerusalem aufsuchte, traf er außer Petrus «nur Jakobus, den Bruder des Herrn» (Gal 1,18 f.). Zehn Jahre später, nach der Verhaftung und Flucht des Petrus, stand Jakobus als Bischof der Jerusalemer Gemeinde vor, und damit, wegen der besonderen Bedeutung dieser Urgemeinde der «Heiligen», wie sie Paulus nennt (Röm 15,26), der ganzen Kirche. Jakobus war es auch, der auf dem Jerusalemer «Apostelkonzil» eine Kompromißformel fand, um die «gesetzesfreie» Heidenmission des Paulus zu ermöglichen, die von vielen Judenchristen abgelehnt wurde (Apg 15,1 – 29). Wahrscheinlich hätte nur der für seine Frömmigkeit bekannte Jakobus diese für die Geschichte der Kirche entscheidende Wende durchsetzen können, mit der verhindert wurde, daß sich die «Nazarener», wie sie genannt wurden, einfach als eine weitere Sekte im Judentum neben Sadduzäern, Pharisäern und den radikal-asketischen Essenern etablierten. Als der Heidenapostel bei seinem letzten Besuch in Jerusalem Bericht erstattet, wird unter den «Ältesten» der Mutterkirche nur noch Jakobus mit Namen genannt (Apg 21,18). Unter seiner Führung war die Zahl der Gläubigen unter den damals etwa 30000 Bewohnern Jerusalems von etwa 120 (Apg 1,15) auf «viele Tausende» (Apg 21,20) angewachsen.

Jakobus war also der zweite herausragende religiöse Führer und Märtyrer unter den Söhnen der Maria – kein Visionär wie sein Bruder vielleicht, oder wie Paulus, aber ein Mann, der mit Hingabe und Erfolg für das Überleben der Kirche in den ersten dreißig Jahren ihres Bestehens arbeitete. Zu den «Heiligen» in Jerusalem gehörten aber auch die anderen Brüder des Gekreuzigten und, solange sie noch lebte, Maria selbst. Lukas berichtet (Apg 1,12 – 14) von den ersten Versammlungen der Gemeinde nach der Kreuzigung Jesu, die in dem gleichen Jerusalemer «Obergemach» stattfanden, wo Jesus mit seinen zwölf Jüngern das letzte Pascha-Abendmahl* gefeiert hatte. «Sie alle verharrten dort einmütig im Gebet, zusammen mit den Frauen und mit Maria, der Mutter Jesu, und mit seinen Brüdern.»

Auch bei dem geheimnisvollen Pfingstereignis, als «vom

---

* Ich verwende den Begriff der Einheitsübersetzung. Sonst Passah, Pessah

Himmel her ein Brausen [...] das ganze Haus» erfüllte, «Zungen wie von Feuer» den Versammelten erschienen und sich auf sie verteilten und die Jünger plötzlich «begannen, in fremden Sprachen zu reden, wie es der Geist ihnen eingab» (Apg 2,1 – 36), waren Maria und ihre Söhne anwesend. Für den jüdischen Religionswissenschaftler Schalom Ben-Chorin ist Maria sogar «die zentrale Person» bei diesem Ereignis, mit dem die Missionstätigkeit der Urkirche beginnt. «Sie aber ist es, die den Heiligen Geist als erste der hier Anwesenden in sich aufgenommen hat. [...] Sollte da nicht von ihr die geheimnisvolle Kraft des Heiligen Geistes auf alle anderen [...] übergegangen sein?»[13] In dieser Vermutung steckt vielleicht auch eine Erinnerung Ben-Chorins an seine bayerische Heimat, wo man, wie Emil Bock, Mitbegründer der anthroposophischen «Christengemeinschaft», schreibt, «mittelalterliche Bilder der christlichen Dreieinigkeit findet, auf denen der Vater-Gott, Christus und dann Maria an Stelle des Heiligen Geistes dargestellt sind» – Ausdruck einer in die Zeiten der frühen Christenheit zurückreichenden Volksfrömmigkeit, in der Maria selbst «als eine Menschwerdung des Heiligen Geistes» empfunden worden sei[14].

Wie dem auch sei: in der christlichen Urgemeinde, wie schon zu Lebzeiten Jesu unter seinen Anhängern, spielten Frauen – durchaus im Einklang mit der alttestamentarischen Tradition starker Frauen – eine weitaus aktivere Rolle als in der Synagoge oder gar im Tempel. Es ist naheliegend, daß Maria als Mutter des Messias besondere Achtung genießen mußte.

Hinzu kam, daß sie – wenn man dem Lukasevangelium (1,5 – 80) glauben darf – verwandtschaftliche Verbindungen zu einer weiteren Familie besaß, die im religiösen Leben Jerusalems eine wichtige Rolle gespielt hatte. Marias Verwandte Elisabet aus dem Hause Aaron war nämlich mit dem Tempelpriester Zacharias verheiratet und hatte auf wunderbare Weise im hohen Alter einen Sohn empfangen, der als Johannes der Täufer am Jordan Buße und Umkehr predigte und seinen entfernten Vetter Jesus bei der Taufe als den Messias identifizierte. Lukas berichtet, daß Maria die ersten drei Monate ihrer Schwangerschaft bei Elisabet verbrachte; der Tradition nach im Dorf

Die Herabkunft des Heiligen Geistes.
Gemälde von Sandro Botticelli, um ca. 1500-1510.
Birmingham, City Museum and Art Gallery

Ein Karem bei Jerusalem. Noch heute wird Pilgern der «Brunnen Marias» gezeigt, wo sie während ihres Aufenthalts für die hochschwangere Elisabet Wasser holte. Reste einer Römerstraße sind zu sehen, auf der Maria, von Nazaret kommend, Ein Karem erreicht haben könnte, und eine Kirche steht am Ort der Begegnung der beiden Frauen, bei der Elisabet «vom Heiligen Geist erfüllt» wurde, Maria als «Mutter meines Herrn» grüßte und spürte, wie «das Kind vor Freude in meinem Leib hüpfte» (Lk 1,39 ff.). Im Haus von Elisabet und Zacharias soll Maria die großartigen Verse gesprochen haben, die – nach dem ersten Wort in der lateinischen Übertragung – als «Magnificat» bezeichnet werden (Lk 1,46–55)*:

* Zur Kursivierung von Selbstzeugnissen der Maria siehe Anhang

Meine Seele preist die Größe des Herrn,
Und mein Geist jubelt über Gott, meinen Retter.
Denn auf die Niedrigkeit seiner Magd hat er geschaut.
Siehe, von nun an preisen mich selig alle Geschlechter.
Denn der Mächtige hat Großes an mir getan,
Und sein Name ist heilig.
Er erbarmt sich von Geschlecht zu Geschlecht
Über alle, die ihn fürchten.
Er vollbringt mit seinem Arm mächtige Taten:
Er zerstreut, die im Herzen voll Hochmut sind;
Er stürzt die Mächtigen vom Thron
Und erhöht die Niedrigen.
Die Hungernden beschenkt er mit seinen Gaben
Und läßt die Reichen leer ausgehen.
Er nimmt sich seines Knechtes Israel an
Und denkt an sein Erbarmen,
Das er unseren Vätern verheißen hat,
Abraham und seinen Nachfahren auf ewig.

Es geht wohl kaum ein Religionswissenschaftler heute davon aus, daß Lukas hier die genauen Worte Marias wiedergibt – übrigens die einzige ihr zugeschriebene längere Rede in der Bibel. Woher sollte er sie denn wissen? Es wird darauf hingewiesen, daß Marias Hymnus Vorbilder im Alten Testament hat und an starke Frauen erinnert, die den Gott Israels loben: an Hagar, die erste Frau Abrahams, die von den Muslimen als Mutter ihres Stammvaters Ismael verehrt wird (Gen 16,13), an Jakobs Frauen Lea (Gen 29,13 ff.) und Rahel (Gen 30,23), an Führerinnen wie Mirjam, Schwester des Moses (Ex 15,21), und die Prophetin und Richterin Debora (Ri 4), vor allem aber an Hanna, die Mutter des großen Richters Samuel (1 Sam 2,1 ff.). Gerade solche Verse von bedeutenden Frauen ihres Volks aber wird ein tief religiöses jüdisches Mädchen gekannt und sich oft vorgesagt und gemerkt haben; sie geben wenn nicht Marias Worte, so doch die messianische Erwartung auf Umwertung aller Werte und Umkehrung aller Verhältnisse wieder, die offensichtlich auch die Frauen – vielleicht gerade die Frauen – ihrer Familie und wei-

Mariä Heimsuchung. Tafel des Buxtehuder Altars, um 1390. Hamburg, Kunsthalle

teren Verwandtschaft bewegte, ein Bewußtsein vom nahenden Gottesreich, das diese Frauen offensichtlich auf ihre Söhne übertragen haben.

Nach dem Märtyrertod des Jakobus wurde ein weiteres Mitglied der Familie Oberhaupt der Kirche in Jerusalem: Symeon ben Klopas, dessen Vater ein Bruder Josefs gewesen war. Symeon war also ein Neffe Marias, ein Vetter ihrer Söhne Jesus und Jakobus, und wie diese starb auch er für seinen Glauben. Wegen der führenden Rolle der Familie Jesu in der Urkirche sprechen manche Religionswissenschaftler von einem frühchristlichen «Kalifat»[15]. In einem auffälligen und merkwürdigen Gegensatz zu dieser historisch bezeugten Tatsache steht allerdings die Darstellung der Mutter und der Brüder in den Evangelien. Bevor wir hierauf eingehen, sollten wir aber kurz die Frage erörtern, ob es überhaupt richtig ist, von leiblichen Geschwistern Jesu zu sprechen, also von weiteren Kindern des Ehepaars Maria und Josef.

EXKURS:
DIE SÖHNE UND TÖCHTER MARIAS

Manche Leser mag es irritieren, wenn hier unbefangen von Brüdern und Schwestern Jesu gesprochen wird; gehört doch der Glaubenssatz von der «immerwährenden Jungfrauschaft» Marias – also nicht nur bei der Zeugung sowie während und nach der Geburt Jesu, sondern während ihres ganzen Lebens – seit dem Konzil von Chalkedon (451) zum gemeinsamen Glaubensbekenntnis aller Christen. Die in allen vier Evangelien sowie in den Paulus-Briefen erwähnten Geschwister – es handelt sich (Mk 6,3) um die Brüder Jakobus, Joses, Judas und Simon sowie eine unbestimmte Zahl nicht namentlich genannter Schwestern – müßten, wenn man diesen Glaubenssatz wörtlich und die Bibel dafür nicht wörtlich nehmen will, als entferntere Verwandte gedeutet werden. Nun soll in diesem Buch nicht zu Glaubensfragen Stellung genommen werden, die sich letztlich ohnehin der Diskussion entziehen. Deshalb werden hier zunächst zwei katholische Gelehrte zitiert: In seinem Kommentar zum Markusevangelium schreibt Rudolf Pesch: «Die Deutung der offenbar als leibliche Brüder und Schwestern verstandenen Personen als Stiefgeschwister (aus einer ersten Ehe Josefs) oder als Vettern und Basen ist sekundär im Gefolge eines biologischen Verständnisses der Christologumena [d. h. auf Christus bezogenen Lehrsätze] von Zeugung aus heiligem Geist und Jungfrauengeburt entstanden. Setzt man dieses Verständnis nicht voraus – und ein dogmatischer Zwang, der die historische Untersuchung beeinträchtigen könnte, existiert nicht –, so ist ungezwungen nur ein Verständnis der Geschwister Jesu als leiblicher Brüder und Schwestern

Maria mit dem Kind. Gemälde von Jan Gossaert,
gen. Mabuse, um 1530. Berlin, Gemäldegalerie

möglich.»[16] Und Joseph Ratzinger, immerhin Vorsitzender der
Glaubenskongregation, schreibt: «Die Gottessohnschaft Jesu
beruht nach dem kirchlichen Glauben nicht darauf, daß Jesus
keinen menschlichen Vater hatte; die Lehre vom Gottsein Jesu
würde nicht angetastet, wenn Jesus aus einer normalen

menschlichen Ehe hervorgegangen wäre.»[17] Einer Ehe also, aus der auch weitere Kinder hervorgehen könnten. Für Ratzinger ist die «Gottessohnschaft [...] kein biologisches, sondern ein ontologisches [d. h. das Wesen betreffendes] Faktum»[18]; und so wird hier auch die immerwährende Jungfrauschaft Marias nicht als biologisches oder hymenologisches[19] Faktum aufgefaßt. Zwar wird erst im zweiten Teil die Entwicklung der Mariologie und der Mariendogmen behandelt; hier soll aber an einen Gedanken des hellenisierten jüdischen Theologen Philo erinnert werden, eines Zeitgenossen Jesu, der im ägyptischen Alexandria lebte: «Wenn aber Gott mit der Seele zu verkehren begonnen hat, erklärt er die, die zuvor schon Frau war, wieder zur Jungfrau.»[20]

«AUCH SEINE BRÜDER GLAUBTEN NÄMLICH NICHT AN IHN.»

Markus erzählt von dem Auftreten Jesu in Kafarnaum und anderen Orten am See Gennesaret. Unmittelbar nach dem Bericht über die Einsetzung der zwölf Jünger schreibt er (Mk 3,20 f.): «Jesus ging in ein Haus, und wieder kamen so viele Menschen zusammen, daß er und die Jünger nicht einmal mehr essen konnten. Als seine Angehörigen davon hörten, machten sie sich auf den Weg, um ihn mit Gewalt zurückzuholen; denn sie sagten: Er ist von Sinnen.» Damit weicht das Urteil der Familie kaum von dem der Schriftgelehrten aus Jerusalem ab (Mk 3,22): «Er ist von Beelzebub besessen.» Markus fährt fort (Mk 3,31 ff.): «Da kamen seine Mutter und seine Brüder; sie blieben vor dem Haus stehen und ließen ihn herausrufen. Es saßen viele Leute um ihn herum, und man sagte zu ihm: Deine Mutter und deine Brüder stehen draußen und fragen nach dir. Er erwiderte: Wer ist meine Mutter, und wer sind meine Brüder? Und er blickte auf die Menschen, die im Kreis um ihn herumsaßen, und sagte: Das hier sind meine Mutter und meine Brüder. Wer den Willen Gottes erfüllt, der ist für mich Bruder und Schwester und Mutter.»

Diese Zurückweisung der Familie wird auch, wenngleich etwas abgemildert, von Matthäus (12,46 ff.) und Lukas (8,19 ff.)

berichtet – was nicht verwundert, da sie sich in vielem auf das Markusevangelium stützen. Alle drei berichten auch über den mißglückten Besuch Jesu in Nazaret, wo seine Zuhörer in der Synagoge «Anstoß an ihm nahmen und ihn ablehnten» (Mk 6,3) und sogar – so jedenfalls Lukas (4,28 ff.) – «in Wut gerieten», Jesus «zur Stadt hinaustrieben» und ihn vom «Abhang des Berges, auf dem ihre Stadt erbaut war, hinabstürzen wollten». Von einem Eingreifen der sicherlich anwesenden und alarmierten Angehörigen – «Ist das nicht der Zimmermann, der Sohn der Maria und der Bruder von Jakobus, Joses, Judas und Simon? Leben nicht seine Schwestern hier unter uns?» höhnt die Menge (Mk 6,3) – zur Verteidigung ihres verschmähten und bedrohten Verwandten ist nicht die Rede, und Markus läßt Jesus das auch bitter kommentieren (Mk 6,4): «Nirgends hat ein Prophet so wenig Ansehen wie in seiner Heimat, bei seinen Verwandten und in seiner Familie.»

Auch im Evangelium des Johannes wird der Konflikt zwischen Jesus und seinen engsten Verwandten betont. So etwa im Bericht über das erste Wunder, die Verwandlung von Wasser in Wein (Joh 2,1 ff.): «Am dritten Tag fand in Kana in Galiläa eine Hochzeit statt, und die Mutter Jesu war dabei. Auch Jesus und seine Jünger waren zur Hochzeit eingeladen. Als der Wein ausging, sagte die Mutter Jesu zu ihm: *Sie haben keinen Wein mehr.* Jesus erwiderte ihr: Was willst du von mir, Frau? Meine Stunde ist noch nicht gekommen.» Die schroffe Antwort – wörtlich «Was ist zwischen mir und dir, Weib?» – wirkt geradezu schockierend. Ben-Chorin nennt sie eine «unerhörte Beleidigung», für die es in der jüdischen Literatur der Zeit «keine Parallele» gibt. Als Grund für diesen Zornesausbruch vermutet er, Marias Bemerkung sei eine «hämische» Anspielung auf den Ruf ihres Sohnes als Säufer und Fresser gewesen: für ihn sei kein Wein mehr da [21].

Das Johannesevangelium gibt auch einen Streit zwischen Jesus und seinen Brüdern wieder (Joh 7,1 ff.): «Danach zog Jesus in Galiläa umher, denn er wollte sich nicht in Judäa aufhalten, weil die Juden darauf aus waren, ihn zu töten. Das Laubhüttenfest der Juden war nahe. Da sagten seine Brüder zu ihm: Geh von hier fort, und zieh nach Judäa, damit auch deine Jünger die Werke sehen, die du vollbringst. Denn niemand wirkt im Verborgenen, wenn er öffentlich bekannt sein möchte. Wenn du dies tust, zeig dich der Welt! Auch seine Brüder glaubten nämlich nicht an ihn. Jesus sagte zu ihnen: Meine Zeit ist noch nicht gekommen, für euch aber ist immer die rechte Zeit. Euch kann die Welt nicht hassen, mich aber haßt sie, weil ich bezeuge, daß ihre Taten böse sind. Geht ihr nur hinauf zum Fest; ich gehe nicht zu diesem Fest hinauf, weil meine Zeit noch nicht erfüllt ist.»

Trotz seiner Skepsis gegen psychologisierende Deutungen der Evangelien faßt der jüdische Religionswissenschaftler David Flusser die Tendenz dieser Berichte mit den Worten zusammen: «Doch einem psychologischen Faktum im Leben Jesu kann man nicht ausweichen: seiner ablehnenden Haltung gegen die Familie, in die er geboren ward.»[22] Fast wortgleich stellt Ben-Chorin fest: «Wenn es einen Zug im Charakter Jesu gibt, der völlig eindeutig hervortritt, dann ist es diese antifamiliäre Haltung, die nur die Wahlverwandtschaft gelten läßt, nicht aber die Sippe.»[23] Ja, die «Wahlverwandtschaft» mit Jesus fordert geradezu den Bruch mit der Familie (Lk 14,26): «Wenn jemand zu mir kommt und nicht Vater und Mutter, Frau und Kinder, Brüder und Schwestern […] gering achtet, dann kann er nicht mein Jünger sein.» Flusser glaubt sogar, die «mit Affekten geladene Spannung zwischen Jesus und seiner Familie» habe bei seiner «persönlichen, für die Menschheit so wichtigen Entscheidung mitgewirkt», Mutter, Brüder und Schwestern zu verlassen und den Weg zu gehen, der ihn schließlich nach Golgota führte. Erst nach seinem Tod habe die Familie ihren Unglauben überwunden und sich der judenchristlichen Gemeinde angeschlossen, denn «als Verwandter des Heilands in einer ordentlichen Gemeinschaft zu leben ist zwar gefahrvoll, jedoch einfacher, als in dem Bruder und Sohn etwas anderes zu sehen, als man selber ist»[24].

Gegen eine solche Deutung spricht zuallererst die bereits bei oberflächlicher Lektüre ins Auge fallende Tatsache, daß der «Unglaube» Marias und der Brüder bei Markus und Matthäus,

Christus nimmt Abschied von seiner Mutter.
Teil eines Altars aus Isny.Gemälde von Bernhard Strigel,
um 1520. Berlin, Gemäldegalerie

stark abgemildert auch bei Lukas, völlig anders aussieht als bei
Johannes. Bei Markus reagieren die Verwandten auf die Nach-
richten von der Tätigkeit Jesu als Wanderprediger und Wun-
derheiler ganz so, wie wir es von einer zwar ehrlich besorgten,
aber eben doch verständnislosen und beschränkten Familie erwarten würden: Sie wollen ihn von einem Weg abbringen, den

sie – nicht zu Unrecht – als lebensgefährlich und darum verrückt ansehen.

Bei Johannes ist es aber fast umgekehrt. Wie reagiert Maria auf die schroffe Antwort ihres Sohns bei der Hochzeit? «Seine Mutter sagte zu den Dienern: *Was er euch sagt, das tut!* Es standen dort sechs steinerne Wasserkrüge, wie es der Reinigungsvorschrift der Juden entspricht […]. Jesus sagte zu den Dienern: Füllt die Krüge mit Wasser! […] Schöpft jetzt und bringt es dem, der für das Festmahl verantwortlich ist. Sie brachten es ihm. Er kostete das Wasser, das zu Wein geworden war. […] Da ließ er den Bräutigam rufen und sagte zu ihm: Jeder setzt zuerst den guten Wein vor und erst, wenn die Gäste zuviel getrunken haben, den weniger guten. Du jedoch hast den guten Wein bis jetzt zurückgehalten.» Der Bericht schließt: «So tat Jesus sein erstes Zeichen […], und seine Jünger glaubten an ihn. Danach zog er mit seiner Mutter, seinen Brüdern und seinen Jüngern nach Kafarnaum hinab. Dort blieben sie einige Zeit.»

Erst weist Jesus seine Mutter hart zurück, dann tut er doch, was sie – man mag ihre Worte drehen und wenden, wie man will – offensichtlich von ihm erwartet. Die gleiche Struktur finden wir nach dem Wortwechsel mit den Brüdern: «Als aber seine Brüder zum Fest hinaufgegangen waren, zog auch er hinauf, jedoch nicht öffentlich, sondern heimlich.» Nach wenigen Tagen in Jerusalem tritt Jesus jedoch offen im Tempel auf, wie es die Brüder gefordert haben, wobei er in der Tat um ein Haar festgenommen und gesteinigt worden wäre (Joh 7,14–10,39). Bei Markus will die Familie Jesus zurückhalten; bei Johannes scheinen die Mutter und die Brüder Jesus zu drängen, in Kana und Jerusalem Zeichen und Wunder zu tun und sich damit als der ersehnte Messias zu offenbaren, während Jesus auf ihr Drängen mit Unwillen und Zorn reagiert – wohl auch im Bewußtsein, daß diese Offenbarung ihn das Leben kosten wird.

Wenn Maria ihrem Sohn auf dem Fest zu Kana sagt: *Sie haben keinen Wein mehr*, so ist das keine Aufforderung zu einem gefälligen Partytrick, sondern wahrscheinlich eine Anspielung auf die Apokalypse des Propheten Jesaja (Jes 24,1–27,13), wo

Hochzeit zu Kana. Wandgemälde, um 1260.
Trapezunt, Hagia Sophia

das Weltende angekündigt wird, zu dessen Symbolen auch das Verdorren der Rebstöcke gehört: «Auf den Gassen jammern die Leute: Es gibt keinen Wein mehr!» Nach dem Gottesgericht aber, in dem – ähnlich wie im «Magnificat» – die Könige zur Rechenschaft gezogen und die Gottesfürchtigen erhöht werden, wird Gott auf dem Berg Zion in Jerusalem «für alle Völker ein Festmahl geben mit den feinsten Speisen, ein Gelage mit erlesenen Weinen. [...] Er beseitigt den Tod für immer. Gott, der Herr, wischt die Tränen ab von jedem Gesicht.»

**Aus der Jesaja-Apokalypse
(8. vorchristliches Jahrhundert)**

Seht her! Der Herr verheert und verwüstet die Erde. [...] Der Wein ist dahin, die Rebe verwelkt; alle, die einst so heiter waren, seufzen und stöhnen.
[...] Auf den Gassen jammern die Leute: Es gibt keinen Wein mehr! Jede Freude ist verschwunden, aller Jubel hat die Erde verlassen. [...]
An jenem Tag wird der Herr hoch droben das Heer in der Höhe zur Rechenschaft ziehen und auf der Erde die Könige der Erde. Sie werden zusammengetrieben und in eine Grube gesperrt. [...] Denn der Herr der Heere ist König auf dem Berg Zion und in Jerusalem [...]. Der Herr der Heere wird auf diesem Berg für alle Völker ein Festmahl geben mit den feinsten Speisen, ein Gelage mit erlesenen Weinen [...]. Er beseitigt den Tod für immer. Gott, der Herr, wischt die Tränen ab von jedem Gesicht.

Bei Johannes scheint also der «Unglaube» der Mutter und der Brüder darin zu bestehen, daß sie einen triumphierenden Messias erwarten, der die Endzeit, das Weltgericht und die Umwälzung aller Dinge herbeiführt. In diesem Zusammenhang ist es auch von Bedeutung, daß gerade Galiläa das Zentrum und Hauptrekrutierungsfeld der fanatischen Fraktion der Zeloten war («Eiferer», auch «Krummdolchmänner» genannt), die mit einem Aufstand gegen die römischen Besatzer das Reich Davids wiedererrichten und eben diese endzeitliche Revolution einleiten wollten. Auch der Jünger und spätere Märtyrer Simon war ehemaliger Zelot, und es wird zuweilen spekuliert, daß der Jünger Judas Iskariot mit den Zeloten sympathisierte und durch seinen Verrat Jesus zwingen wollte, sich als den erhofften siegreichen «Menschensohn» der Propheten zu offenbaren. Wie dem auch sei: Auch die übrigen Jünger konnten die schreckliche Konsequenz nicht begreifen, die Jesus offensichtlich immer klarer vor Augen stand: daß «seine Stunde» erst mit dem Zeitpunkt seines Leidens und Todes gekommen sein würde. Wie sollten sie das auch? Bat doch Jesus selbst am Vorabend seiner Kreuzigung (Mt 26,39): «Mein Vater, wenn es möglich ist, gehe dieser Kelch an mir vorüber.» Wie sollten seine nächsten Angehörigen, seine Brüder und seine Mutter, sich mit der Unausweichlichkeit seines schmachvollen Todes abfinden?

Wenn es zwischen der Darstellung der Rolle der Maria und ihrer Söhne bei Johannes einerseits und den übrigen Evangelisten andererseits einen derart tiefgreifenden Widerspruch gibt, so erscheint es mehr als problematisch, vom Konflikt zwischen Jesus und seiner Familie als einem eindeutigen psychologischen Faktum zu sprechen. Noch problematischer erscheint eine solche Behauptung, wenn man das tatsächlich eindeutige Faktum der führenden Rolle der Familie in der Jerusalemer Kirche bedenkt. Man kommt einer Erklärung dieser Widersprüche näher, wenn man fragt, welches bewußte oder unbewußte Interesse die Evangelisten haben könnten, das Verhältnis Jesu zu seiner Familie und seiner Umwelt derart negativ darzustellen.

EXKURS: DIE EVANGELIEN ALS UNZUVERLÄSSIGE HISTORIE

Die Evangelien wurden nicht als historische Biographien geschrieben, auch wenn sie die Form einer Biographie Jesu haben, sondern wollten eine religiöse Lehre zusammenfassen. «So kannst du dich von der Zuverlässigkeit der Lehre überzeugen, in der du unterwiesen wurdest», sagt Lukas dem vermutlich fiktiven «Theophilus», für den er sein Evangelium schreibt (Lk 1,4). Diese Lehre aber war nicht dogmatisch geronnen, sondern im Fluß; ihre Anhänger lebten und predigten in verschiedenen verstreuten Gemeinden und hatten teilweise sehr verschiedene Auffassungen von dem, was das Leben Jesu wirklich zu bedeuten hatte.[25] So schrieb Markus sein Evangelium vermutlich in Rom etwa zur Zeit der Zerstörung Jerusalems; Matthäus etwa zehn Jahre später in Syrien; Lukas wenig später in Kleinasien oder Griechenland; und Johannes am Jahrhundertende, wahrscheinlich in Kleinasien.

Alle vier Evangelisten schrieben also zu einem Zeitpunkt, als es die judenchristliche Gemeinde in Jerusalem nicht mehr gab. Auf die Katastrophe der Hinrichtung des Jakobus waren die Katastrophen des Kriegs, der Zerstörung Jerusalems, der

Die vier Evangelisten.
Gemälde von Jacob Jordaens, 1625–30. Paris, Louvre

Flucht der Kirchenleitung nach Pella in der jordanischen Wüste und der Zerstreuung der Gemeindemitglieder gefolgt. Wichtige Zeugen der Ereignisse wie Petrus und die übrigen Apostel waren tot oder verschollen. Das gilt auch für die Familie Jesu. Maria, deren Geburt wir um 20 v. Chr. ansetzen können, wird kaum das Märtyrium ihres zweiten Sohns noch erlebt haben. Einmal noch taucht die Familie Jesu aus dem Dunkel auf: So sollen die Enkel seines Bruders Judas von Kaiser Domitian (81–96) in Rom verhört worden sein. Sie waren ihm als Nachkommen des Königs David und darum potentielle Aufständische verdächtig. Als es sich jedoch herausstellte, daß sie einfache Bauern waren, ließ er sie laufen. So einfach können sie aber nicht gewesen sein. Noch zu Zeiten des Kaisers Trajan (98–117) sollen sie judenchristliche Gemeinden in ihrer Heimat Galiläa geleitet haben [26]. Danach verliert sich die Spur der Familie in der Bedeutungslosigkeit.

Entstehungszeit der Schriften des Neuen Testaments

Paulus-Briefe	ca. 50 n. Chr.
Evangelien:	
Markus	um 70
Matthäus	80er Jahre
Lukas	80er-90er Jahre
Johannes	Ende 90er Jahre
Apostelgeschichte des Lukas	80er-90er Jahre
Offenbarung des Johannes	Ende 90er Jahre

Quellen der Evangelien

mündliche Überlieferung (Ü); schriftliche Berichte (B); vermutete schriftliche Sprüchesammlung Jesu (Q)

Markus:	Ü, B
Matthäus:	Markus; Ü, B, Q
Lukas:	Markus; Ü, B, Q
Johannes:	Ü, B

Diese Bedeutungslosigkeit war nicht nur individuelles und familiäres Schicksal, sondern Schicksal der Judenchristen überhaupt, die ja anfänglich die einzigen Christen gewesen waren; derjenigen Menschen also, die als Juden wie Jesus und seine Familie nach wie vor die mosaischen Gesetze respektierten und die Synagoge besuchten, im Gekreuzigten aber den verheißenen Messias erblickten. Von den Heidenchristen zahlenmäßig überflügelt und zunehmend ausgegrenzt, um das Jahr 100 auch aus der Synagoge ausgeschlossen, gehören sie zu den Verlierern der Geschichte; aber auch Christentum und Judentum sind mit dem Verschwinden dieser Brücke ärmer geworden.

Zu den Traditionen dieser Ebioniten oder Nazoräer, wie sie im zweiten und dritten Jahrhundert genannt wurden, gehörte die besondere Verehrung des Jakobus. So heißt es im koptischen Thomasevangelium: «Es sprachen die Jünger zu Jesus:

Wir wissen, daß du von uns gehen wirst. Wer ist's, der groß sein wird über uns? Jesus sprach zu ihnen: Am Ort, wohin ihr gekommen seid, werdet ihr gehen zu Jakobus dem Gerechten, dessentwegen der Himmel und die Erde geworden sind.»[27] Das Hebräerevangelium, eine wie das Thomasevangelium apokryphe – das heißt nicht in den biblischen Kanon aufgenommene – Schrift, zählt Jakobus zum Kreis der Jünger beim letzten Abendmahl; er ist der einzige unter ihnen, der an die Auferstehungsweissagung seines Bruders glaubt.[28] Saulus/Paulus hingegen ist in den ebionitischen Legenden der «feindliche Mensch», der die Gemeinde zunächst offen verfolgt, dann sozusagen von innen als Agent des Bösen bekämpft habe, durch die Aufhebung des Gesetzes. Eine weitere judenchristliche Tradition besagt, daß es ursprünglich nur ein – in hebräischer Sprache geschriebenes – Evangelium gegeben habe. Als es jedoch zur Verfolgung der gesetzestreuen Judenchristen durch eine mit den Römern paktierende Christenfraktion gekommen sei, hätten die Judenchristen bei ihrer Flucht aus dem Land dieses Buch mit sich genommen. Die von Anhängern der siegreichen Fraktion in griechischer Sprache verfaßten Evangelien seien zwar nicht völlig falsch, jedoch unvollständig, teilweise wegen der Erinnerungslücken der Verfasser, teilweise weil sie «mit der Absicht, ihre Herrschaft aufzurichten, viele Dinge nicht mitteilten»[29].

Diese Traditionen und Legenden sind zweifellos maliziös und historisch ungenau. Es ist dennoch wahrscheinlich, daß sie einen wahren Kern enthalten. Es ist ja unbestritten, daß es vor der Niederschrift der uns überlieferten vier kanonischen Evangelien neben der mündlichen Überlieferung auch schriftliche Berichte über das Leben und die Lehre Jesu gegeben haben muß, die vermutlich in der Sprache des Alten Testaments oder in der von Jesus gesprochenen aramäischen Umgangssprache geschrieben waren und inzwischen verschollen sind. Am Schluß des Johannesevangeliums (Joh 21,25) heißt es etwas entschuldigend: «Wenn man alles aufschreiben wollte, so könnte, wie ich glaube, die ganze Welt die Bücher nicht fassen, die man schreiben müßte.» Und Lukas schreibt (Lk 1,1 ff.):

«Schon viele haben es unternommen, einen Bericht über all das abzufassen, was sich unter uns ereignet und erfüllt hat. Dabei hielten sie sich an die Überlieferung derer, die von Anfang an Augenzeugen und Diener des Wortes waren. Nun habe ich mich entschlossen, allem von Grund auf sorgfältig nachzugehen [...].» Das impliziert eine Sichtung, vielleicht auch eine Zensur.

Die vier Evangelisten schrieben auf Griechisch und richteten sich hauptsächlich an Heiden und Heidenchristen – an Menschen also, die vor allem im Gefolge der «gesetzesfreien» Missionstätigkeit des Apostels Paulus erreicht worden waren (neben Markus soll auch Lukas zeitweiliger Mitarbeiter des Heidenapostels gewesen sein) und die ein Interesse daran haben mußten, das Neue am «Neuen Bund», den Bruch vor allem mit den Traditionen und Gesetzen des Judentums zu betonen. Deshalb sind die Evangelien «antipharisäisch stilisiert», wie Flusser nachweist [30], obwohl es viele Übereinstimmungen zwischen der Lehre des großen Pharisäers Hillel und der Lehre Jesu gibt; obwohl die häufigen Streitgespräche zwischen Jesus und den Pharisäern ja auf einen intensiven Dialog hinweisen; und obwohl die Pharisäer nachweislich gegen die Hinrichtung des Jakobus und vermutlich auch gegen die Verurteilung Jesu protestiert haben, da sie den Judenchristen näherstanden als dem Priesteradel der Sadduzäer. [31] In ähnlicher Weise aber und aus ähnlichen Motiven heraus scheinen alle vier Evangelien, wenn auch in unterschiedlich starkem Maß, «antifamiliär stilisiert» zu sein. Eine solche Annahme könnte die sonst nur schwer begreifbare Diskrepanz erklären zwischen der prophetisch beseelten Jungfrau, die bei Lukas das «Magnificat» singt, und der verständnislosen Hausfrau des Markus, die ihren ältesten Sohn für verrückt erklärt; zwischen der Mutter, die bei Johannes ihren Sohn in Kana dazu drängt, sich zu offenbaren, am Ende seines Wegs am Kreuz steht und bei Lukas auch die Geburt der Kirche miterlebt, und der entsprechenden Leerstelle bei Markus und Matthäus.

Wenn wir uns schon ein Bild der Maria machen, sollten wir uns wohl eine tätige Frau vorstellen, die nicht allein als

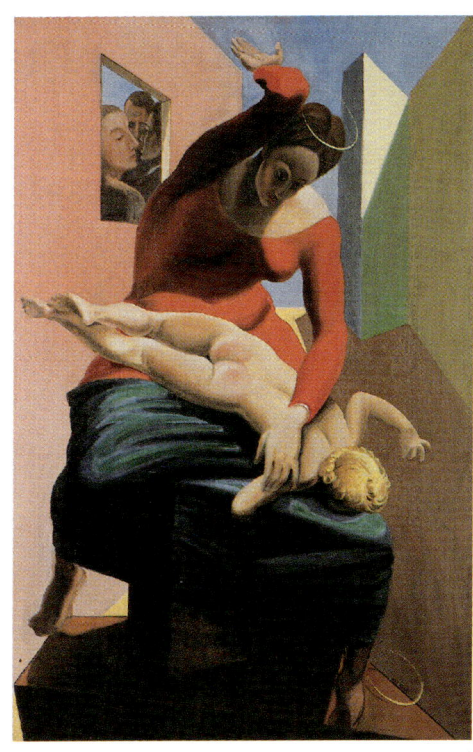

Die Jungfrau
züchtigt das
Jesuskind vor
drei Zeugen –
André Breton,
Paul Eluard
und dem Maler.
Gemälde von
Max Ernst, 1926.
Köln, Museum
Ludwig

hart arbeitende mehrfache Mutter und Erzieherin ihrer Kinder, sondern auch als bedeutende Persönlichkeit der entste-
henden Gemeinde vor und nach dem Tod ihres ersten Sohnes
erheblich aktiver war, als es sich viele spätere Kritiker und Ver-
teidiger ihres Kults vorstellen wollten oder konnten.

JERUSALEM

Tatsächlich ist es diese Aktivität, die selbst an der äußerst kriti-
schen Darstellung ihrer Rolle bei Markus auffällt. Maria ist
eben nicht «ganz orientalische Frau», die «völlig passiv
bleibt», wie Ben-Chorin wiederholt behauptet [32], sondern geht
mit den Brüdern nach Kafarnaum, um Jesus nach Nazaret
zurückzuholen. Bei Johannes hingegen zieht die Mutter nach

dem Weinwunder von Kana mit Jesus und seinen Brüdern nach Kafarnaum und bleibt dort mit ihnen und, wie man annehmen darf, mit der wachsenden Schar von Frauen, die ihm folgen. Zu diesem Zeitpunkt ist Jesus etwas über 30 Jahre alt, seine Mutter Mitte bis Ende 40, für damalige Verhältnisse eine alte Frau. Sie hat mindestens sechs Kinder geboren, wahrscheinlich aber mehr: Die Anzahl der Töchter ist nirgendwo überliefert, ebensowenig wie die Totgeburten und früh Verstorbenen, die es in fast jeder Ehe zu beklagen gab. Sie hat auch, wie es scheint, den gerechten Josef begraben, denn von ihm ist nirgendwo mehr die Rede. Nun sind aber die Töchter verheiratet, auch der jüngste Sohn ist erwachsen, Maria also nicht mehr an Haus, Herd und Heimatdorf gebunden.

Schon früher ist Maria, als tiefreligiöse Frau, mit Josef jedes Jahr zum Paschafest nach Jerusalem gezogen, eine nicht ungefährliche Fußreise von mindestens drei Tagen. Lukas berichtet das im Zusammenhang mit der Geschichte, wie die Eltern den zwölfjährigen Jesus auf diese Reise mitnehmen, ihn aus den Augen verlieren und erst nach drei Tagen unter den Lehrern im Tempel wiederfinden (Lk 2,41 ff.). Die Brüder zumindest scheinen auch zu den anderen beiden hohen Festen, Pfingsten und Laubhüttenfest, regelmäßig nach Jerusalem gezogen zu sein, wie es das Gesetz von allen jüdischen Männern verlangte (Joh 7,2 ff.), und man kann annehmen, daß Marias Beziehungen zur Priesterfamilie des Zacharias auch nach seinem Tod nicht abrissen. So liegt es zwingend nahe anzunehmen, daß Maria und ihre Söhne Jakobus, Joses und Judas auch dabei waren, als Jesus zu seinem letzten Pascha-Fest nach Jerusalem hinaufzog und auf einem Esel unter den begeisterten Rufen seiner Jünger und Anhänger in die Stadt hineinritt: «Gesegnet sei das Reich unseres Vaters David, das nun kommt. Hosanna in der Höhe!» (Mk 11,1 – 11).

Vom Ölberg her näherten sie sich der Stadt (Lk 19,29). Nirgends auf der Erde findet man ein dramatischeres Bild als den Anblick Jerusalems von diesem heiligen Berg. Am Ende der Zeit wird Gott die Gerechten Israels, die hier begraben sind, zum Fest des Lebens auf den gegenüberliegenden Berg Zion ru-

Jerusalem, Altstadtmauer, Felsendom und Innenstadt.
Foto von 1994

fen. Unmittelbar östlich des Ölbergs, im Rücken des Betrach-
ters, beginnt die grau schimmernde Wüste Judäas, die dem
Licht über Jerusalem seine Intensität und den Steinen der Stadt
ihren unverwechselbaren silbrigen Ton verleiht. Am Fuß des
Ölbergs liegen der schattige Garten Getsemani und das enge
Kidrontal, unmittelbar dahinter steigt schroff die hohe Mauer
auf, hinter der man den weiten Tempelbezirk erkennt. Heute
erhebt sich dort die goldene Kuppel der vom Kalifen Abd al-
Malik nach der Eroberung Jerusalems im 7. Jahrhundert er-
richteten Moschee. Unter der Kuppel ist der nackte Felsen des
Bergs Moriah zu sehen. Vom Lehm dieses Bergs, heißt es, schuf
Gott Adam; auf diesem Felsen wollte Abraham seinen Sohn
Isaak opfern; hier ist Jahwe David erschienen; hier stand Salo-
mos Altar; und von hier stieg Mohammed auf einer Leiter aus
goldenem Licht in den siebenten Himmel. Unterhalb dieses
Felsens ist eine Grotte, in der Mohammed mit Abraham, Mose,
Salomo und Jesus betete.

König Herodes der Große hatte etwa im Geburtsjahr Marias mit dem Neubau des Tempels im hellenistischen Stil begonnen: ein Exzeß in Marmor und Gold, der nach dem Willen des Königs zu den Weltwundern zählen sollte und dessen Grundfläche dreimal so groß war wie die Akropolis in Athen. Reisenden, die sich Jerusalem näherten, erschien der Tempel von weitem wie ein schneebedeckter Berg, schreibt Josephus, und wenn das Licht auf das Gold des Heiligtums schien, mußten sie die Augen abwenden, als blickten sie in die Sonne hinein. Einer alten jüdischen Legende zufolge verschließt der Tempelfelsen die Wasser der Sintflut; nach einer anderen Lesart führt ein abgrundtiefes Loch vom Tempel direkt in das Urchaos der Hölle. Wahrscheinlich konserviert diese Erzählung neben der uralten Wahrheit von der innigen Verbindung von Verruchtem und Heiligem eine Erinnerung an das in den Felsen gehauene Abflußloch für das Blut der Tausende und Abertausende Stiere und Schafe, die hier von den Tempelpriestern geschlachtet wurden. Das Brüllen der Tiere in ihrer Todesangst und der scharfe Geruch ihres bratenden Fetts müssen sich damals mit den Hosanna-Rufen und dem Schweißgeruch der Menschen gemischt haben, als sich Jesus und seine Schar dem Goldenen Tor näherten. Unterhalb des Tempels erstreckte sich südlich und westlich das unübersehbare Steingewirr der Stadt; und an der Straße, die nach Westen aus diesem Labyrinth von Gassen und Plätzen hinausführte und dann nach Süden Richtung Betlehem abbog, lag der Hügel Golgota.[33]

Die «Via Dolorosa» – der Weg, den Jesus am Karfreitag zu seiner Hinrichtung gehen mußte – führt heute mitten durch das Gewühl des arabischen Markts. Man kann sich vorstellen, daß es damals nicht sehr viel anders zuging. Die vierte Station des Kreuzwegs markiert die Stelle, an der Jesus seiner Mutter begegnete. Diese Begegnung ist nicht biblisch bezeugt; Lukas aber berichtet (Lk 23,27): «Es folgte eine große Menschenmenge, darunter auch Frauen, die um ihn klagten und weinten.» Wenig später (Lk 23,49) heißt es: «Alle seine Bekannten aber standen in einiger Entfernung vom Kreuz, auch die Frauen, die ihm seit der Zeit in Galiläa nachgefolgt waren und die alles

Die Kreuztragung. Links im Bild Maria mit Johannes und den Frauen aus Galiläa. Flügel des Wurzacher Altars von Hans Multscher, 1437. Berlin, Gemäldegalerie

mit ansahen.» Fast undenkbar also, daß Maria nicht unter den Menschen war, die den schweren Weg ihres Sohns von der Festung Antonia zur Hinrichtungsstätte mitgingen. Einige Verwirrung stiften die Berichte von Markus, Matthäus und Lukas. Ihnen zufolge ist eine Maria aus Galiläa am Kreuz, die als Mutter des Jakobus und des Joses bzw. Josef (Mk 15,40f., Mt 27,55f.) identifiziert wird; das sind ja die Namen zweier Brüder Jesu. Wenn diese Maria aber die Mutter Jesu ist, warum wird sie nicht so genannt? Johannes sagt hingegen eindeutig (Joh 19,25): «Bei dem Kreuz Jesu standen seine Mutter und die Schwester seiner Mutter, Maria die Frau des Klopas» – Marias Schwägerin also – «und Maria Magdalena», die einzige der vier genannten Frauen, die nicht zur Familie Jesu gehört.

Die Frauen aus Galiläa sind auch dabei, als Jesus vom Kreuz abgenommen und hastig – es naht der Sabbat – zum Begräbnis vorbereitet wird. So hat das Bild der Pietà, der trauernden Mutter mit der geschundenen Leiche des Sohns auf ihren Knien, das die Volksfrömmigkeit zwischen den spärlichen Zeilen der Bibel herausgelesen und das so viele Künstler inspiriert hat, durchaus seine Berechtigung und Wahrheit.

Am dritten Tag aber kommen Maria Magdalena «und die andere Maria» (Mt 28,1 ff.) zum Grab und finden es leer. Ein Engel verkündet ihnen die Auferstehung. «Plötzlich kam ihnen Jesus entgegen und sagte: Seid gegrüßt! Sie gingen auf ihn zu,

Der Isenheimer Altar von Matthias Grünewald, 1512–1516.
Mitteltafel: Beweinung Christi. Links im Bild Maria mit Johannes.
Colmar, Museum Unterlinden

Pietà. Marmorskulptur von Michelangelo,
1498/99 – 1500. Rom, San Pietro

warfen sich vor ihm nieder und umfaßten seine Füße.» Auch
hier hat die Volksfrömmigkeit in der «anderen Maria», die in
den parallelen Auferstehungsberichten bei Markus und Matthäus die «Mutter des Jakobus» ist, die Mutter des Gekreuzigten sehen wollen. Dies ist auch erklärter Glaube der orthodoxen Kirche.[34] Die Exegeten werden sich streiten, und bei der
Wiederauferstehung verlassen wir ohnehin, wie bei der jungfräulichen Zeugung, den Bereich der Historie und betreten den
Bereich des Glaubens. Soviel scheint aber noch diesseits des
Glaubens sicher: Es waren Frauen, die zuerst die Nachricht von
der Auferstehung in Jerusalem verbreiteten. Nach Lukas

(Lk 24,11) «hielten die Jünger das alles für Geschwätz und glaubten ihnen nicht». Es hat nicht nur seine theologische Richtigkeit, wenn die Frau, die Jesus zur Welt brachte, auch seine Rückkehr «aus den Wehen des Todes», wie es Petrus nannte (Apg 2,24), als erste erfährt und mitteilt. Auch psychologisch und – wenn der Begriff erlaubt ist – massenpsychologisch liegt das nahe und erinnert an die zentrale Rolle, die Maria beim rätselhaften Pfingstereignis spielte, mit dem die Jünger ihre Passivität überwanden und als Kirche ins Leben traten.

Am Ende ihres Lebens sehen wir Maria also im Kreis einer wachsenden Gemeinde, einer erweiterten Familie, wie es ihr Sohn gepredigt hatte, die in der Apostelgeschichte wie folgt geschildert wird (Apg 2,43 ff.): «Und alle, die gläubig geworden waren, bildeten eine Gemeinschaft und hatten alles gemeinsam. Sie verkauften Hab und Gut und gaben davon allen, jedem so viel, wie er nötig hatte. Tag für Tag verharrten sie einmütig im Tempel, brachen in ihren Häusern das Brot und hielten miteinander Mahl in Freude und Einfalt des Herzens.»

Wann und wo Maria starb, wissen wir nicht. Eine Tradition sieht sie Jerusalem verlassen und mit dem Apostel Johannes nach Ephesus in Kleinasien ziehen. Diese Stadt spielt – wie wir sehen werden – in der Geschichte der Marienverehrung eine bedeutende Rolle. Die Ephesus-Tradition beruht vor allem auf der Kreuzigungsszene im Johannesevangelium (Joh 19,26 ff.): «Als Jesus seine Mutter [beim Kreuz] sah und bei ihr den Jünger, den er liebte, sagte er zu seiner Mutter: Frau, siehe, dein Sohn! Dann sagte er zu dem Jünger: Siehe, deine Mutter! Und von jener Stunde an nahm sie der Jünger zu

Zeittafel 2: 50–70 n. Chr.	
um 50	wahrscheinlich: Tod Marias
54	Kaiser Claudius wird ermordet; Nero wird Kaiser
58/59	Paulus in Jerusalem und Caesarea in Haft
62	Jakobus, Bruder Jesu und Bischof von Jerusalem, wird gesteinigt
64	Brand Roms; **Nero läßt die Christen verfolgen**
64/67?	Hinrichtung der Apostel Petrus und Paulus in Rom
66–70	Aufstand der Zeloten gegen die Römer
68	Selbstmord Neros
69	Vespasian wird Kaiser
70	Titus erobert Jerusalem und zerstört den Tempel Flucht der Jerusalemer Christen nach Pella spätestens: Tod Marias

Entschlafung Mariens. Wandgemälde aus dem 16. Jahrhundert.
Meteora / Griechenland, Barlaam-Kloster

sich.» Dieser Jünger wird mit Johannes identifiziert, dem
«Apostel Asiens», der nach der Hinrichtung seines Bruders
Jakobus Zebedäus im Jahre 42 nach Kleinasien geflohen sein
soll. In Ephesus, nahe der heutigen türkischen Stadt Efes, wurde
1891 ein «Haus der Maria» entdeckt, und zwar nach Angaben
der deutschen Seherin Anna Katharina Emmerich, die es 1822
im Trancezustand erblickt und beschrieben hatte.

Stärker ist jedoch die Tradition, die Jerusalem als Ort der «Dormitio», der Entschlafung Marias, ansieht. Wenige Schritte vom Garten Getsemani entfernt kann man ihr Grab besichtigen. Es ist, wie das ihres Sohnes, leer. In unmittelbarer Nähe des «Abendmahlsaals», des Versammlungsraums der Urkirche auf dem Zionsberg, steht auf den Fundamenten der byzantinischen «Hagia Sion» die von deutschen Benediktinern betreute neoromanische Dormitiokirche. Deren Krypta soll den Raum umfassen, in dem Maria ihre letzten Jahre verbrachte und im Kreis der Gemeindemitglieder starb. Mittelalterliche Bilder vom «Tod Mariens» zeigen die Jünger grambebeugt über der Leiche, während Jesus unbemerkt ans Bett seiner Mutter getreten ist und bereits ihre Seele wie ein Wickelkind in seinen Armen hält, so wie sie ihn einmal gehalten hat. Der Überlieferung nach begrüßt er die Entschlafene mit Worten des Geliebten aus dem Hohenlied (Hld 2,10): «Steh auf, meine Freundin, meine Schöne, so komm doch!»

Ave Maria

EPHESUS

Etwa 25 Jahre nach dem Tod Jesu hielt sich der Apostel Paulus zwei Jahre lang in Ephesus auf. Die Hafenstadt an der Ägäis war mindestens so alt wie das nicht weit entfernte Troja und der Legende nach von den Amazonen gegründet worden. Als Paulus in der Synagoge der großen jüdischen Gemeinde predigte, in einer Privatschule griechische Konvertiten unterwies, auf Straßen und Plätzen Kranke heilte und Dämonen austrieb, war Ephesus Hauptstadt der römischen Provinz Asia und Sitz des großen Tempels der jungfräulichen Jagd- und Fruchtbarkeitsgöttin Artemis, die von den Römern als Diana verehrt wurde.

Ihr hölzernes Kultbild war, so hieß es, in grauer Vorzeit vom Himmel gefallen. Steinerne Kopien zeigen eine aufrecht stehende, herrschaftlich geschmückte Frauengestalt, deren Oberkörper von zahlreichen eiförmigen Gebilden bedeckt ist, die man früher für Brüste hielt; heute glaubt man, es seien Stierhoden. Vielleicht stimmen beide Erklärungen: Von der verwandten Flußgöttin Nana heißt es, sie habe ihren Sohn Attis empfangen, indem sie die abgeschnittenen Genitalien eines Mann-Ungeheuers an ihren Busen hängte. Attis wiederum entmannte sich und

Die Artemis von Ephesus

Das «Haus der Maria» in Selçuk bei Ephesus. Es handelt sich um eine Kapelle aus dem 7. Jahrhundert; die Fundamente stammen aus dem 1. Jahrhundert.

verblutete aus Liebe zur Kybele, die wie Artemis eine Erscheinungsform der im ganzen Mittelmeerraum verehrten großen Göttin der Erde und der Fruchtbarkeit war. Die Priester der Artemis mußten Eunuchen sein: Sie schenkten der Göttin ihre Manneskraft, wie es an dem Festtag der Göttin viele von Wein und Weihrauch, Trommeln, Flöten und Gesang berauschte junge Männer taten, die in spontaner Ekstase das Messer zückten und sich öffentlich kastrierten.

Artemis hatte Ephesus reich gemacht. Ihr vom König Krösus gestifteter Marmortempel war eins der sieben Weltwunder und zugleich die wichtigste Depositenbank der Antike; Herbergen, Gaststätten und Nippesläden lebten von den Wallfahrern aus aller Welt. So verwundert es nicht, daß «der neue Weg» des Paulus «Anlaß zu einem schweren Aufruhr» gab, wie Lukas schreibt (Apg 19,21 ff.): Ein Großhersteller silberner Artemistempel rief alle Beschäftigten des Andenkengewerbes zusammen und hielt eine Brandrede gegen den Verkünder eines unsichtbaren Gottes, dem Bilder ein Greuel seien. «Die ganze

Stadt geriet in Aufruhr; alles stürmte ins Theater [...].» Es steht übrigens noch heute und bietet immerhin 24 000 Menschen Platz. Dort schrie die Menge «fast zwei Stunden lang wie aus einem Mund: Groß ist die Artemis von Ephesus!» Um ein Haar wäre der Apostel gelyncht worden; kurz darauf verließ er die Stadt der Göttin.[35]

Knapp 400 Jahre später wurde Ephesus wieder zum Schauplatz eines Aufruhrs. Im Jahre 431 tagte dort ein vom Kaiser Theodosius II. einberufenes Ökumenisches Konzil. Von einer abwechselnd abfällig belächelten und grausam bekämpften jüdisch-griechischen Sekte hatte sich das Christentum in wenigen Jahrhunderten zur Staatsreligion des Weltreichs entwickelt. Das Verbot aller heidnischen Kulte durch Kaiser Theodosius I. lag gerade 39 Jahre zurück, als sich über 200 Patriarchen und Bischöfe aus dem ganzen Mittelmeerraum auf den Weg nach Ephesus machten, um die Streitfrage zu entscheiden, ob der Mutter Jesu der Titel «Theotokos» – Gottesgebäre-

Ephesus: das große Theater

rin – zustehe. Dies war von Nestorios, Patriarch von Konstantinopel, bestritten worden, der daraufhin von seinem Gegner
Kyrillos von Alexandria als Ketzer denunziert wurde.

Der Verlauf des Konzils – mit Beschimpfungen, Handgreif-
lichkeiten und gegenseitigem Ausschluß – zeigt, welche starken Gefühle durch den theologischen Streit aufgewühlt wurden; und als das Konzil mit der Verurteilung der Thesen des
Nestorius, seiner Absetzung und Verbannung endete, zogen
die Epheser in einem jubelnden Fackelzug vom Tagungsort in
der neugeweihten Marienkirche durch die Stadt und riefen:
«Es lebe Kyrillos, der neue Paulus!» und immer wieder: «Heil
der Theotokos!» Aus der Stadt der Artemis war die Stadt
Marias geworden.[36]

«Der in Ephesus sanktionierte Marienkult ist gewisser-
maßen die letzte Hand, die der alte Orient an das neue Christentum legt», schreibt Dieter Hildebrandt in seiner Paulus-
Biographie, ganz im Geist eines zornigen Protestantismus:
«Maria hatte Christus auf den Arm genommen.»[37] In der Tat
war im Verlauf von 400 Jahren nicht nur aus der Stadt der
Artemis die Stadt der Maria geworden, sondern aus einer Kirche nach dem Ebenbild des Paulus eine Kirche nach dem Ebenbild der Maria. Bevor wir aber ein Urteil über diese Wandlung
fällen, sollten wir versuchen, sie zu verstehen. Nicht zufällig
verläuft sie parallel zum Aufstieg des Christentums zunächst
zur dominierenden, dann zur alleinigen Religion im Römischen Weltreich, eine der faszinierendsten Entwicklungen der
Menschheitsgeschichte.

DIE HIMMLISCHE DRIADE

Nach der Verurteilung des Nestorius hielt Kyrillos auf dem
Konzil eine Predigt: «Voller Freude blicke ich auf die Versammlung der Heiligen, die ihr alle bereitwillig zusammengekommen seid, gerufen von der heiligen Maria, Gottesgebärerin
und immerwährende Jungfrau. [...] Gegrüßt seist du von uns,
Maria Theotokos, verehrungswürdiges Kleinod des gesamten
Erdkreises, unauslöschliche Lampe, Krone der Jungfräulichkeit, Zepter der Rechtgläubigkeit, unzerstörbarer Tempel, Ge-

fäß des Unerfaßlichen, Mutter und Jungfrau. [...] Ihretwegen jubelt der Himmel, an ihr erfreuen sich Engel und Erzengel, durch sie werden die Dämonen verjagt, durch sie fiel der Teufel, der Versucher, vom Himmel, durch sie wird die gefallene Schöpfung in den Himmel aufgenommen, durch sie kam die gesamte Schöpfung, die im Götzendienst befangen war, zur Erkenntnis der Wahrheit [...].»[38]

Der letzte Satz zeigt, daß sich Kyrillos durchaus der Funktion bewußt war, die Maria Theotokos als Brücke zwischen der neuen Reichsreligion Christentum und dem alten Kult der vielgestaltigen orientalisch-mediterranen Muttergottheit spielte, der von Christen und Juden zwar als Götzendienst verurteilt wurde, vom geschmeidigeren Christentum jedoch durch die Gestalt der Maria absorbiert und umgedeutet werden konnte. Nestorius hatte ja gewarnt: «Hat Gott eine Mutter? Also ist das Heidentum entschuldigt, das Mütter der Götter eingeführt hat [...]. Laßt uns nicht Maria die Gottesgebärerin nennen, daß wir nicht in Versuchung kommen, sie zu einer Göttin zu machen, und also Heiden werden.»[39]

Die Namen und Attribute der im gesamten Mittelmeerraum verehrten Göttinnen waren verschieden; sie alle personifizierten jedoch Aspekte des Weiblichen. Oft waren sie, wie Artemis, einerseits Jungfrau und Beschützerin der Jungfräulichkeit, andererseits aber auch Mutter und Symbol der Fruchtbarkeit; das griechische Wort «Parthenos» bezeichnet sowohl Unberührtheit als auch sexuell anziehende Jugendlichkeit. Als mächtigste Göttin galt in der Spätantike die «Magna Mater» (Große Mutter) Kybele, die bereits seit 6000 Jahren in der heutigen Türkei verehrt worden war, einem Land, das noch heute «Anadolu» heißt: Land der Mütter. Über Kybele schrieb Kaiser Julian Apostata («der Abtrünnige»), der einen letzten Versuch unternahm, die heidnische Götterwelt im Römischen Reich wieder als Staatsreligion zu etablieren, siebzig Jahre vor dem Konzil zu Ephesus: «Sie ist die gleiche Göttin, die manche Juno, andere Venus nennen, wieder andere als die natürliche Ursache [...] von allem ansehen; [...] Mutter und Gattin des mächtigen Zeus [...]; sie [...] gebiert ohne Schmerzen und erschafft mit Hilfe des Vaters alles, was da ist; mutterlose Jungfrau, thronend an der Seite des Zeus und wahrhaftige Mutter aller Götter.»[40] Hier verkörpert Kybele die Fruchtbarkeit der Natur und vereinigt als Jungfrau, Braut und Mutter, Schöpferin und Herrscherin verschiedene Aspekte der Frau in einer Gestalt.

Der Synkretismus (Vermischung verschiedener Religionen), der es Kaiser Julian erlaubte, die asiatische Kybele in eins zu setzen mit römischen Gottheiten wie Juno, Schutzgöttin des Frauenlebens und der Geburt, und Venus, Göttin des Frühlings und der Liebe, gehörte seit Jahrhunderten zur Denkweise gebildeter Menschen. Der in Halikarnassos (heute Bodrum an der türkischen Ägäis) schreibende Historiker und Geograph Herodot ging bereits im 4. vorchristlichen Jahrhundert davon aus, daß alle Menschen die gleichen Götter verehrten, nur unter verschiedenen Namen. Demeter etwa, die griechische Muttergöttin der Fruchtbarkeit und des Wachstums, entspreche der römischen Göttin des Ackerbaus Ceres und der ägyptischen Isis. Im Zweistromland verehrten die Sumerer die Göttin Inanna, die Babylonier Ischtar/Astarte, die den Kanaanitern, Philistern und Juden auch als Aschera bekannt war und ihrerseits von den Griechen mit Aphrodite, von den Römern mit Venus identifiziert wurde. Die Phönizier trugen diese Göttin des Abend- und Morgensterns von Tyrus und Sidon bis nach Spanien, Sizilien und Nordafrika. In der bedeutendsten phönizischen Gründung, dem Stadtstaat Karthago, herrschte sie als Himmelskönigin, Göttin des Mondes und des Meeres, der Menstruation und der Fruchtbarkeit unter dem Namen Tannit.

Um diese mächtige Göttin und die von ihr beschützte Stadt zu besiegen, führten die Römer auf dem Höhepunkt des Kampfes gegen Hannibal (204 v. Chr.) die Verehrung der Kybele mit ihren Eunuchenpriestern und ihrem orgiastisch-brutalen Frühlingsfest als Staatskult ein. Jahrhunderte später wurde dort, wo das Heiligtum der Kybele gestanden hatte und deren Anhänger im Blut geschlachteter Stiere zum Leben neu geboren wurden, der Petersdom errichtet. Im besiegten Karthago verschmolz Tannit mit der siegreichen Kybele, mit Artemis, Venus und Isis zur «Himmlischen Juno». So einflußreich wurde diese Juno Caelestis, daß der römische Kaiser Elagabalus, der 400 Jahre nach dem Untergang Karthagos einen monotheistischen Sonnenkult im Reich durchsetzen wollte, ihr Standbild aus Nordafrika holen ließ, um sie mit seinem Sonnengott Elah-Gabal zu vermählen. Auch der 354 im heutigen Algerien geborene Kirchenvater Augustinus war in seiner Jugend Anhänger der Caelestis; und noch im 5. Jahrhundert, nach dem Verbot ihres Kults und der Zerstörung ihres großen Tempels, erwiesen viele Christen nicht nur dem gekreuzigten und wieder auferstandenen Gott, sondern auch der jungfräulich-mütterlichen Göttin ihre Ehrerbietung.

Wie sollte auch der Sohn ohne die Mutter verehrt werden? Die Völker des Mittelmeerraums hatten ihrerseits nie die Göttin ohne männlichen Widerpart gedacht, was ja der fundamentalen Erfahrung der geschlechtlichen Dualität alles Lebendigen widersprochen hätte. Zur Muttergottheit, in deren Gestalt auch die fruchtbare Erde und die aus Erde und Meer aufsteigende Feuchtigkeit verehrt werden, gehört der Kult ihres sterbenden und wieder auferstehenden «Heros»: Gott, Gatte, Sohn. Er ist die Sonne, die jedes Jahr stirbt und wieder geboren wird; das mit der Sonne wachsende Getreide, das zum Brot des Lebens wird, nachdem es den Schnittern zum Opfer fällt; das vergängliche Gras, die Tiere, die darauf weiden; und darum auch Pflüger, Sämann, Hirte. Der Heros hat eine menschliche Geschichte mit Geburt, Handeln, Leiden und Tod, eine Biographie. Die Mutter-Gattin existiert außerhalb der Zeit; als schwarze Erdgöttin symbolisiert sie Leben und Tod, Ursprung und Ende.

Fast in Reinform begegnet uns die heilige Driade in Ägypten: Isis, deren Bruder und Gatte Osiris vom Gott Set ermordet und zerstückelt wird, bringt nach dem Tod des Osiris seinen Sohn Horus zur Welt, Falkengott und neuer Osiris. Das archetypische Muster wiederholt sich aber in jedem Kult: In der «Heiligen Hochzeit» befruchtet der Heros die Göttin; anschließend stirbt er, um von ihr wiedergeboren zu werden. Im ältesten sumerischen Mythos klagt die Göttin Inanna: «Mir – der Magd, wer pflügt [...] meine Vulva, meinen Wassergrund,

mir, der Königin?»[41] Ihr tod-
geweihter Heros ist der Hirten-
könig Dumuzi, der manchmal
auch als Stier dargestellt wird.
Ischtar liebt den Herden- und
Getreidegott Tammuz, der im
Reich des Todes die Urschlange besiegen muß. Zu Kybele
gehört der an einem Baum ver-
blutende Attis, der am dritten
Tag wieder aufersteht, und zu
Venus der von einem Wild-
schwein in der Weiche durch-
bohrte Adonis; sein Name erinnert an das hebräische Wort,
mit dem Gott angerufen wird:
«Adonaj» – Herr. Auch Dio-
nysos, Sohn des Zeus und
der Königin-Erdgöttin Semele,
Gott des Weins und des Brot-
getreides, ist ein Heros, der in
Athen zur Zeit der Monarchie
jedes Jahr die Heilige Hochzeit

Isis mit Horusknaben.
Ägypten, Spätzeit.
Hildesheim, Pelizaeus-
Museum

mit der Königin vollzog und bei dessen Riten noch in ge-
schichtlicher Zeit Menschen als Vertreter des Gottes zerrissen,
ihre Leichenteile auf die Felder verstreut wurden.

Solche Vorstellungen und Riten entstammen keinem un-
tergegangenen goldenen Zeitalter des Matriarchats, wie ihre
sentimentale Umdeutung glauben machen will. Vielmehr
bringen sie neben der Verehrung der Frau als Hervorbringerin
des Lebens vor allem die totale Abhängigkeit der Menschen
von der Natur zum Ausdruck. «Mutter Natur» wurde nicht als
fragiles und gefährdetes Wesen betrachtet – das war ja der
Mensch –, sondern als übermächtige und launische Herrscherin. Durch finstere Jahrtausende hindurch suchten Gesellschaften die Gunst dieser geliebten und gefürchteten Mutter,
der Nährerin und Zerstörerin, zu erlangen, nicht zuletzt durch

regelmäßige Menschenopfer. In der biblischen Geschichte von Abraham und Isaak (Gen 22,1–19) ist die Abkehr der Juden von diesem grausamen Brauch festgehalten. Der Widder, den der Engel statt Abrahams Sohn als Opfer schickt, ist als Herdentier Symbol des sterbenden Gottes.

Die Bibel hält aber auch fest, wie die Juden in den zwölfhundert Jahren, die zwischen Mose und Jesus liegen, immer wieder den Monotheismus aufgaben und den in Kanaan beheimateten Kult von Astarte und Tammuz oder Aschera und Baal übernahmen. Unmittelbar nach dem Tod Josuas, der sie ins Gelobte Land geführt hatte, fielen die Israeliten vom mosaischen Gesetz ab, übernahmen die Bräuche der Kanaaniten und Philister und «dienten dem Baal und den Astarten» (Ri 2,13). Unter Rehabeam, Sohn des großen Salomo, wurden Kultstätten der Astarte «auf allen hohen Hügeln und unter jedem üppigen Baum» errichtet (1 Kön 14,23). König Manasse ließ sogar ihr Kultbild im Tempel zu Jerusalem aufstellen und Menschenopfer wieder einführen (2 Chr 33,2 ff.). Die babylonische Gefangenschaft setzte die Juden dem Einfluß ihrer Götterwelt aus: im Namen der schönen Ester und im ausgelassenen Purimfest, das ihr zu Ehren gefeiert wird, lebt noch eine Erinnerung an die Feste der Ischtar. Jeremia klagt (Jer 7,18 u. 31): «Die Kinder sammeln Holz, die Väter zünden das Feuer an, und die Frauen kneten den Teig, um Opferkuchen für die Himmelskönigin zu backen [...]. Auch haben sie die Kulthöhe [...] im Tal Ben-Hinnom gebaut, um ihre Söhne und Töchter im Feuer zu verbrennen [...].» Das Volk zeigt keine Reue, sondern antwortet dem Propheten (Jer 44,17 ff.): «Wir werden der Himmelskönigin Rauchopfer und Trankopfer darbringen, wie wir, unsere Väter, unsere Könige und unsere Großen in den Städten Judas und in den Straßen Jerusalems getan haben. Damals hatten wir Brot genug; es ging uns gut, und wir litten keine Not. Seit wir aber aufgehört haben, der Himmelskönigin Rauchopfer und Trankopfer darzubringen, fehlt es uns an allem [...].» Zwei Generationen später sah der Prophet Ezechiel (Ez 8,14), wie Frauen im Tempel zu Jerusalem den Tod des Getreidegottes Tammuz beweinten.

Unweit Jerusalems, in der Stadt Bet-Lehem, deren Name auf Hebräisch «Haus des Brots», auf Arabisch «Haus des Fleisches» bedeutet, stand noch in christlicher Zeit ein dem Adonis, dem griechischen Tammuz, geweihter Hain. Es scheint besonders passend, daß die Klagen der Frauen über den sterbenden Getreidegott neben dem Stall ertönten, wo nach der Legende Marias Sohn weinend das Licht der Welt erblickte. Sagte er doch von sich (Joh 6,35 u. 53): «Ich bin das Brot des Lebens; [...] Wenn ihr das Fleisch des Menschensohns nicht eßt und sein Blut nicht trinkt, habt ihr das Leben nicht in euch.»

Bei seiner Geburt soll tief über den Dächern der Stadt ein heller Stern geleuchtet haben. Kein Wunder, daß Astrologen aus dem Osten kommen und vor dem Kind und seiner Mutter auf die Knie fallen (Mt 2,1 ff.); erscheint doch die babylonische Ischtar, deren Name «Stern» bedeutet, abwechselnd als Morgen- und Abendstern am Himmel. Es bedarf jedenfalls keiner überbordenden Phantasie, sich die Freude vorzustellen, wenn über der sich am Hügel hinduckenden Stadt des Hirtenkönigs David und dem dunklen Wäldchen des Adonis die Venus erschien, um ihren toten Liebhaber wieder zum Leben zu erwecken.[42]

«SELIG DIE FRAU, DEREN LEIB DICH GETRAGEN»

Betlehem kennen wir vor allem aus dem Lukasevangelium (Lk 2,1 ff.): «In jenen Tagen erließ Kaiser Augustus den Befehl, alle Bewohner des Reiches in Steuerlisten einzutragen. [...] Da ging jeder in seine Stadt, um sich eintragen zu lassen. So zog auch Josef von der Stadt Nazaret in Galiläa hinauf nach Judäa in die Stadt Davids, die Betlehem heißt; denn er war aus dem Haus und Geschlecht Davids. Er wollte sich eintragen lassen mit Maria, seiner Verlobten, die ein Kind erwartete. Als sie dort waren, kam für Maria die Zeit ihrer Niederkunft, und sie gebar ihren Sohn, den Erstgeborenen. Sie wickelte ihn in Windeln und legte ihn in eine Krippe, weil in der Herberge kein Platz für sie war.»

Dazu schreibt Ernst Bloch: «Zu einem Kind, das im Stalle geboren, wird gebetet. Näher, niedriger, heimlicher kann kein

Betlehem

Blick in die Höhe umgebrochen werden. Zugleich ist der Stall
wahr, eine so geringe Herkunft des Stifters wird nicht erfun-
den.»[43] Allerdings gehen die Bibelwissenschaftler heute in ihrer Mehrheit davon aus, daß diese Geschichte Legende ist.[44]
Der protestantische Theologe Heinz Zahrnt etwa erwähnt in
seiner Biographie Jesu[45] die Stadt Betlehem mit keinem Wort.
Die Evangelisten Markus und Johannes wissen nichts von
einer Geburt in Betlehem, und Matthäus weiß nichts von einer
überfüllten Herberge und einem Stall: Maria und Josef stammen offensichtlich aus Betlehem und wohnen dort, bis sie vor
dem Kindermörder Herodes nach Ägypten fliehen und anschließend aus Angst vor dem Sohn des Herodes nach Nazaret
ziehen. Auch diese biographische Episode übrigens, die uns
Maria, Josef und Jesus als Flüchtlinge und Asylanten in der

multikulturellen Weltmetropole Alexandria vorstellen läßt, scheint keine Basis in historischen Tatsachen zu besitzen. Und doch hat der Philosoph recht: Die Geburtsgeschichte des Lukas atmet Wahrheit; die Wahrheit großer Dichtung.

Mit der Vorgeschichte seines Evangeliums (Lk 1 u. 2) liefert Lukas auch die Basis für die Entwicklung der Mariologie; kein Wunder vielleicht bei einem griechischen Arzt aus der syrischen Stadt Antiochia, einem Zentrum des Kults um Astarte und Adonis. Lukas ist es, der Maria die Worte des «Magnificat» in den Mund legt. Er schreibt, als ob er Unterhaltungen belauscht und sogar Marias Gedanken kennt – «Maria aber bewahrte alles, was geschehen war, in ihrem Herzen und dachte darüber nach» (Lk 2,19, vgl. auch 2,50). Deshalb ging ein gläubigeres Zeitalter davon aus, Lukas müsse seinen Bericht von Maria selbst haben. Auf Bildern des Mittelalters ist er als Maler

Die Geburt Christi. Detail aus einem anonymen Gemälde, 12. / 13. Jahrhundert. Barcelona, Museu Nacional d'Art de Catalunya

63

zu sehen, der Maria porträtiert – die Schwarze Madonna von Tschenstochau soll von ihm geschaffen worden sein – und dabei ihrer Erzählung lauscht.

Im Detail schildert Lukas sogar jenen intimen Augenblick in Nazaret, als der Erzengel Gabriel dem Mädchen erscheint (Lk 1,26 ff.): «Der Engel trat bei ihr ein und sagte: Sei gegrüßt, du Begnadete, der Herr ist mit dir. Sie erschrak über die Anrede und überlegte, was dieser Gruß zu bedeuten habe. Da sagte der Engel zu ihr: Fürchte dich nicht, Maria; denn du hast bei Gott Gnade gefunden. Du wirst ein Kind empfangen, einen Sohn wirst du gebären: dem sollst du den Namen Jesus geben. Er wird groß sein und Sohn des Höchsten genannt werden. Gott, der Herr, wird ihm den Thron seines Vaters David geben. Er wird über das Haus Jakob in Ewigkeit herrschen, und seine Herrschaft wird kein Ende haben. Maria sagte zu dem Engel: *Wie soll das geschehen, da ich keinen Mann erkenne?* Der Engel antwortete ihr: Der Heilige Geist wird über dich kommen, und die Kraft des Höchsten wird dich überschatten.

Das Ave Maria

Nach dem Vaterunser vermutlich das am häufigsten aufgesagte Gebet der westlichen Christenheit.

Lateinisch:
Ave Maria, gratia plena, Dominus tecum, benedicta tu in mulieribus, et benedictus fructus ventris tui, Jesus. Sancta Maria, mater Dei, ora pro nobis peccatoribus, nunc et in hora mortis nostrae. Amen.

Deutsch:
Gegrüßet seist du, Maria, voll der Gnade. Der Herr ist mit dir. Du bist gebenedeit unter den Frauen, und gebenedeit ist die Frucht deines Leibes, Jesus. Heilige Maria, Mutter Gottes, bitte für uns Sünder, jetzt und in der Stunde unseres Todes. Amen.

Das Gebet beruht in seinem ersten Teil auf dem «englischen Gruß» – d. h. dem Gruß des Engels (Lk 1,28): «Sei gegrüßt, du Begnadete, der Herr ist mit dir.» – sowie auf dem Lob Marias durch Elisabet (Lk 1,42): «Gesegnet bist du mehr als alle anderen Frauen, und gesegnet ist die Frucht deines Leibes.»
Das Adjektiv «gebenedeit» ist eine Verdeutschung von «benedictus» (= gesegnet).

Deshalb wird auch das Kind heilig und Sohn Gottes genannt werden. [...] Da sagte Maria: *Ich bin die Magd des Herrn; mir geschehe, wie du es gesagt hast.* Danach verließ sie der Engel.»

Bei Matthäus ist es Josef, dem der Engel erscheint und der nach den Anweisungen des Engels handelt; bei Lukas ist es Maria. Josef akzeptiert die vollendete Tatsache der Schwangerschaft seiner Braut; Maria aber akzeptiert mit ihrem *mir geschehe, wie du gesagt hast* den Willen Gottes und schafft erst dadurch Tatsachen. Eine Generation nach Lukas zog der in Kleinasien geborene Bischof von Lyon Irenäus aus dieser Stelle den Schluß, Maria sei die zweite Eva: «Und genauso wie infolge des Ungehorsams einer Jungfrau» – nämlich durch Evas Ungehorsam gegen Gott im Garten Eden – «die Menschheit versehrt wurde, fiel und starb, so war es auch dank einer Jungfrau, die dem Wort Gottes gehorchte, daß die Menschheit das Leben neu empfing.»[46] Mit Maria wird also die aus der Paradiesgeschichte abgeleitete Diskriminierung der Frau hinfällig. Generationen von Gläubigen betrachteten es als Zeichen dieser Umkehr, dieser «Rekapitulation», daß der Engel in der lateinischen Bibel Maria mit dem Wort «Ave» grüßt, der buchstäblichen Umkehrung des Namens Eva.

Sie werden zugeben müssen, daß ich mir einen gewissen katholischen Tonfall bewahrt habe. Früher konnte ich nicht auf die Straßenbahn warten, ohne gleichzeitig der Jungfrau Maria zu gedenken. Ich nannte sie liebreiche, selige, gebenedeite, Jungfrau der Jungfrauen, Mutter der Barmherzigkeit, Du Seliggepriesene, Du, aller Verehrung Würdige, die Du geboren hast den, süße Mutter, jungfräuliche Mutter, glorreiche Jungfrau, [...] Königin, gebenedeite, gebenedeite ...
Dieses Wörtchen ‹gebenedeit› hatte mich zeitweise, vor allen Dingen, als Mama und ich die Herz-Jesu-Kirche jeden Sonnabend besuchten, so versüßt und vergiftet, daß ich dem Satan dankte, weil er in mir die Taufe überstanden hatte und mir ein Gegengift lieferte, das mich zwar lästernd, aber doch aufrecht über die Fliesen der Herz-Jesu-Kirche schreiten ließ.

Günter Grass: Die Blechtrommel (1959)

Wenn Maria sich als *Magd des Herrn* bezeichnet, so liegt darin keine willenlose Selbsterniedrigung der Frau. Die Redewendung «Knechte und Mägde des Herrn» bezeichnet Menschen, die den Willen Gottes tun, und wird von Petrus bei seiner Predigt an die Bewohner Jerusalems nach dem Pfingstereignis verwendet (Apg 1,17 f.): «In den letzten Tagen wird es geschehen, so spricht Gott: [...] Auch über meine Knechte und

Maria und Eva unter dem Baum des Sündenfalls. Buchmalerei von B. Furthmeyr, 1481. München, Bayerische Staatsbibliothek

Mägde werde ich von meinem Geist ausgießen […], und sie werden Propheten sein.» Jesus selbst wird in der Apostelgeschichte wiederholt als «Knecht» bezeichnet (Apg 3,13 u. 26, 4,27 u. 30). Dem Engel antwortet ja auch dieselbe Maria, die im Magnificat den Sturz der Stolzen und Mächtigen voraussagt – eine weitere Umkehr – und selbstbewußt prophezeit: *Denn auf die Niedrigkeit seiner Magd hat er geschaut. Siehe, von nun an preisen mich selig alle Geschlechter.* Und dieses Selbstbewußtsein der schwangeren Maria ist nicht ohne Grund, hat sie doch die Priestergattin Elisabet aus dem Geschlecht Aarons gerade mit den Worten begrüßt (Lk 1,43): «Wer bin ich, daß die Mutter meines Herrn zu mir kommt?»

«Mit Meisterhand hat Lukas hier ein Marienbild entworfen, das alle wesentlichen Merkmale der Marienverehrung der jahrhundertelangen Entwicklung enthält», stellt der protestantische Kirchengeschichtler Walter Delius fest. «Ehe die Theologen das ‹Theotokos› [...] formulierten, hat Lukas [...] ‹die Mutter des Herrn› in den Mund der Elisabeth gelegt. Die Gottesmutterschaft der Maria, wie sie dann in Ephesus [...] dogmatisch formuliert worden ist, war der Glaube des Verfassers der lukanischen Vorgeschichten.»[47]

Von Lukas, der sich bemüht, die «antifamiliäre» Tendenz seiner Vorlage Markus abzuschwächen, stammt auch der erste Bericht spontaner Verehrung der Maria (Lk 11,27 f.): Als Jesus auf dem Weg nach Jerusalem durch die Dörfer zieht, Teufel austreibt und predigt, «rief eine Frau aus der Menge ihm zu: Selig die Frau, deren Leib dich getragen und deren Brust dich genährt hat.» Zwar weist Jesus diese Ehrung seiner Mutter scheinbar zurück: «Selig sind vielmehr die, die das Wort Gottes hören und es befolgen»; aber genau das hat Maria ja getan, und Lukas läßt Elisabet das auch unterstreichen (Lk 1,45): «Selig ist die, die geglaubt hat, daß sich erfüllt, was der Herr ihr sagen ließ.» Entscheidend ist für Lukas also, daß Maria nicht – wie die heidnischen Göttinnen – vorrangig wegen ihrer biologischen Funktion, sondern wegen ihres beispielhaften Glaubens verehrt wird. Dadurch wurde sie späteren Theologen zum Beispiel und Modell für die christliche Kirche, die «Gottes Wort hören und es befolgen» soll. Augustinus entwickelt diesen Gedanken weiter; denn wie Maria ist auch die Kirche Jungfrau und Mutter zugleich: jungfräulich in der «Unversehrtheit» des Glaubens, der Liebe und der Hoffnung; mütterlich in der Taufe, in der sie immerfort Kinder zur Welt bringt.

MARIENLEBEN

Die Verkündigungs- und Geburtsgeschichte des Lukas ist bereits eine Antwort auf Irritationen, die durch Lücken oder Widersprüche in der mündlichen oder schriftlichen Tradition entstanden: So wie Lukas die Verkündigung schildert, bleibt etwa von der Zweideutigkeit nichts übrig, die durch das Schweigen des Markus und die Erzählperspektive des Träumers Josef bei Matthäus hervorgerufen wird. Statt dessen haben wir im plötzlichen Erscheinen Gabriels vor Maria eine Szene von atemberaubender Dramatik.

Es blieben jedoch für die Gläubigen viele Fragen offen: Wie kann Jesus ein Nachkomme Davids sein, wenn Josef nicht sein Vater ist? Wer sind Marias Eltern? Wieso wird gerade Maria von Gott als Mutter seines Sohns erwählt? Wie verlebt sie ihre Kindheit? Wie lernt sie Josef kennen? Wie hat man sich die Geburt des Gottessohns vorzustellen? Wie sind die Widersprüche zwischen den Kindheitserzählungen bei Matthäus und Lukas zu erklären? Solche Irritationen riefen weitere Legenden hervor, die als sogenannte apokryphe Evangelien zirkulierten und – obwohl alle nichtkanonischen Schriften im Jahre 496 durch Papst Gelasius I. als ketzerisch verboten wurden – für die Entwicklung der Marienverehrung und für die Literatur und Kunst des Mittelalters und der Renaissance noch größere Bedeutung erlangten als die vier kanonischen Evangelien. Das gilt vor allem für das sogenannte «Protevangelium des Jakobus», das im 2. Jahrhundert entstand.[48]

In diesem ersten und einflußreichsten Marienleben werden erstmalig die Namen der Eltern Marias genannt: Anna und Joachim. Sie leben in Jerusalem, wo einem noch heute die Geburtsstätte der Maria gezeigt wird. «Joachim [war] ein sehr reicher Mann, und er brachte alle seine Opfergaben für den Herrn doppelt […].» Im Tempel wird er aber wegen seiner Kinderlosigkeit getadelt, die in Israel als Strafe Gottes empfunden wurde. «Und Joachim war sehr traurig, und er zeigte sich seiner Frau nicht, sondern er begab sich in die Wüste; dort schlug er sein Zelt auf und fastete vierzig Tage und vierzig Nächte.»

Anna «erhob ein zwiefaches Jammern: ‹Meine Witwenschaft will ich bejammern, bejammern meine Kinderlosigkeit dazu.›» Sie wird deswegen von ihrer Magd Judith kritisiert. «Und Anna wurde sehr traurig; aber sie legte ihre Trauerkleider ab, wusch sich das Haupt, zog ihre Brautkleider an und ging [...] in ihrem Garten spazieren.» Sie setzt sich unter einen Lorbeerbaum, in dem ein Sperling sein Nest hat, und bittet Gott um ein Kind. Ein Engel erscheint und spricht: «Anna, Anna, der Herr hat deine Bitte erhört. Du wirst empfangen und gebären, und deine Nachkommenschaft wird in der ganzen Welt genannt werden.» Anna antwortet: «So wahr der Herr, mein Gott, lebt, wenn ich gebären werde, sei es ein Knabe oder ein Mädchen, so will ich es dem Herrn [...] als Opfergabe darbringen, und es soll ihm Dienste verrichten alle Tage seines Lebens.»

Auch Joachim erscheint ein Engel: «Siehe, Anna, dein Weib, hat in ihrem Leib empfangen.» Bereits hier ist der Gedanke an eine übernatürliche, «unbefleckte» Empfängnis Marias enthalten, die erst 1700 Jahre später zum Dogma der katholischen Kirche erklärt wird. Joachim eilt nach Jerusalem

Begegnung von Joachim und Anna an der Goldenen Pforte.
Gemälde vom sog. Meister des Marienlebens, 1460/90.
Köln, St. Ursula-Kirche

zurück. Anna rennt ihm entgegen, und sie begegnen einander am Goldenen Tor, wo sie ihm um den Hals fällt: ein Sinnbild ehelicher Liebe und ein Lieblingsmotiv mittelalterlicher Maler.

«Es erfüllten sich aber ihre sechs Monate […]. Im siebenten Monat gebar Anna. Und sie sprach zu der Hebamme: ‹Was habe ich geboren?› Und die Hebamme sprach: ‹Ein Mädchen.› Da sprach Anna: ‹Erhoben ist meine Seele an diesem Tag.›» Diese spontane Reaktion ist um so bemerkenswerter, als weibliche Nachkommen in der herrschenden Kultur der Zeit keineswegs willkomen waren, wie wir sehen werden. Anna gibt ihrer Tochter den Namen Maria.

«Das Kind wurde nun von Tag zu Tag kräftiger; als es sechsmonatig war, stellte es seine Mutter zu Boden, um in Erfahrung zu bringen, ob es schon stehen könne. Und es machte sieben Schritte und gelangte an den Schoß der Mutter. Sie aber hob es in die Höhe und sprach: ‹So wahr der Herr, mein Gott, lebt, du sollst nicht mehr auf diesem

Die Geburtsgrotte Marias in der St.-Annen-Kirche in Jerusalem

Erdboden Schritte machen, bis ich dich in den Tempel des Herrn führen werde!› Und sie machte ein Heiligtum in seinem Schlafgemach und ließ nicht zu, daß es etwas Profanes oder Unreines zu sich nähme.» Am ersten Geburtstag Marias veranstaltet Joachim ein großes Fest, zu dem «das ganze Volk Israel» eingeladen wird, und das Kind wird von den Hohenpriestern gesegnet. «Und seine Mutter brachte es hinauf [...] und gab ihm die Brust. Und Anna stimmte [...] folgendes Loblied an: ‹Ein heiliges Lied will ich singen dem Herrn, meinem Gott, denn heimgesucht hat er mich und von mir genommen die Schmähung durch meine Feinde. Und es gab mir der Herr die Frucht der Gerechtigkeit [...]. Wer meldet's den Söhnen Rubens, daß Anna säugt? Höret, höret, ihr zwölf Stämme Israels: Anna säugt!›»

Jungfrauen pflegen Maria, bis sie mit drei Jahren im Fackelzug zum Tempel gebracht wird, um als Tempeljungfrau zu dienen – eines von mehreren Details übrigens, das die Herkunft des Protevangeliums aus heidenchristlichen Kreisen verrät, denn das Judentum kannte Tempeljungfrauen genausowenig wie Tempelprostitution. Der Priester setzt Maria auf die dritte Stufe des Altars. «Und Gott, der Herr, legte Anmut auf das Kind, und es tanzte vor Freude mit seinen Füßchen, und das ganze Haus Israel gewann es lieb. Und seine Eltern zogen hinab, verwundert [...] darum, daß sich das Kind nicht rückwärts gewandt hatte zu ihnen. Maria aber wurde im Tempel wie eine Taube gehegt und empfing Nahrung aus der Hand eines Engels.»

Mit zwölf Jahren muß Maria den Tempel verlassen, damit das Heiligtum nicht durch eine menstruierende Frau verunreinigt werde. Der Hohepriester Zacharias – der spätere Vater des Täufers – versammelt alle Witwer Judäas, um aus ihrer Mitte einen zu erwählen, der die gottgeweihte Jungfrau in seine Obhut nehmen soll. Aus dem Stab des Zimmermanns Josef kriecht eine Taube und fliegt auf seinen Kopf. (Nach anderen Lesarten bringt Josefs Stab plötzlich die wunderbarsten Rosen oder Lilien hervor.) Das deutet Zacharias als Himmelszeichen und gibt Maria dem schon älteren Josef zur Frau, der bereits mehrere Kinder aus erster Ehe hat: die Brüder und Schwestern Jesu aus den Evangelien. Bei Josef lebt Maria entsprechend dem Gelübde ihrer Mutter weiterhin als Jungfrau und wird als eine von «sieben unbefleckten Jungfrauen vom Stamme Davids» – so erfahren wir beiläufig von ihrer königlichen Abstammung – ausgewählt, einen Vorhang für den Tempel zu weben.

«Und sie nahm den Krug und ging hinaus, um Wasser zu schöpfen, und siehe, eine Stimme sprach zu ihr: ‹Sei gegrüßt,

du Begnadete, der Herr sei mit dir, du gesegnete unter den Wei-
bern.› Und Maria schaute sich nach rechts und links um, woher diese Stimme komme.» Der Brunnen, an dem der Engel sie
zuerst ansprach, wird einem noch heute in Nazaret gezeigt, obwohl aus der Erzählung nicht hervorgeht, ob sich das alles in
Nazaret, Betlehem oder sogar Jerusalem zugetragen haben soll.
«Und sie erbebte, ging in ihr Haus, stellte den Krug ab, nahm
den Purpur[faden], setzte sich auf ihren Stuhl und spann den
Purpur. Und siehe, ein Engel des Herrn stand plötzlich vor ihr
[…].» Er verkündet Maria wie im Lukasevangelium die Geburt
des Messias. Josef ist zu Bauarbeiten unterwegs.

Zunächst besucht Maria ihre Verwandte Elisabet und
bleibt dort drei Monate. «Tag für Tag nahm ihr Leib zu, und
Maria fürchtete sich und ging fort in ihr Haus und verbarg sich
vor den Söhnen Israels.» Die Erzählung ändert Marias Alter
gegenüber den biblischen Angaben: Sie ist sechzehn Jahre
alt, entsprechend der christlichen Ablehnung allzu früher
Schwangerschaft. Als Josef nach Hause zurückkehrt, ist Marias
Zustand nicht zu übersehen. «Wer hat diese Schlechtigkeit in
meinem Hause verübt und die Jungfrau befleckt?» klagt Josef.
«Sollte sich an mir die Geschichte Adams wiederholt haben?
[…] Denn wie […] die Schlange kam und Eva allein fand, sie be-
trog und sie so befleckte, so ist es auch mir widerfahren.» Maria «weinte bitterlich und sprach: *Rein bin ich, und von einem
Manne weiß ich nicht.* Und Josef sprach zu ihr: ‹Woher ist nun
das in deinem Leib?› Sie aber sprach: *So wahr der Herr, mein
Gott, lebt, ich weiß nicht, woher mir das kommt.*»

Im Traum erscheint Josef ein Engel und bezeugt ihm – wie
im Matthäusevangelium – die himmlische Abkunft des Kindes. Der Schriftgelehrte Hannas aber klagt Maria und Josef der
Unzucht an, und so müssen sie beide öffentlich das «Prüfungs-
wasser des Herrn» trinken. Diese Prüfung ist im mosaischen
Gesetz (Num 5,11 ff.) nur für die Frau vorgesehen, und zwar
wenn «ein Mann gegen seine Frau Verdacht schöpft, auf sie
eifersüchtig wird und sie vor den Herrn treten läßt». In diesem
Fall schreibt der Priester einen Fluch in den Staub – man denkt
unwillkürlich an Jesus und die beim Ehebruch ertappte Frau –

Die Verkündigung. Gemälde von Fra Angelico
(um 1400 – 1455). Cortona, Museo Diocesano

und mischt den Staub mit heiligem Wasser. Dieses «bittere, fluchbringende Wasser» muß die Frau trinken. Hat sie ihren Mann betrogen, so wird das Wasser sie krank und unfruchtbar machen; ist sie aber unschuldig, so wird sie das «Eifersuchtsordal» überstehen. Maria und Josef werden in die Wüste geschickt, kehren aber wohlbehalten zurück. «Und das ganze Volk wunderte sich [...]. Und der Hohepriester sprach: ‹Wenn Gott, der Herr, eure Sünden nicht offenbar gemacht hat, so richte ich euch auch nicht.›»

Wegen der Steuerschätzung müssen Josef und Maria nach Betlehem, wo Maria in einer Höhle ihren Sohn zur Welt bringt. Josef ist nicht bei ihr, da er in die Stadt geeilt ist, um eine Hebamme zu holen. «Ich aber, Josef, ging umher und ging doch nicht umher. Und ich blickte hinauf zum Himmelsgewölbe und sah es stillstehen, und ich blickte hinauf in die Luft und sah die Luft erstarrt und die Vögel des Himmels unbeweglich bleiben.» Die Zeit steht einen Augenblick still. «Dann aber ging alles auf einmal wieder seinen Gang.»

Als Josef mit der Hebamme zur Höhle zurückkommt, ist der Eingang von einer lichten Wolke umhüllt, in der allmählich Maria mit dem Kind an der Brust sichtbar wird. Die Hebamme, die von Josef die Geschichte von Marias wundersamer Empfängnis gehört hat, glaubt nun auch, daß Maria als Jungfrau geboren hat. Dieser gläubigen Hebamme steht die ungläubige Salome gegenüber, die darauf besteht, Marias Hymen zu untersuchen: «Und die Hebamme ging hinein und sprach: ‹Maria, lege dich bereit, denn ein nicht geringer Streit besteht um dich.› Und als Maria dies hörte, legte sie sich bereit. Und Salome legte ihren Finger hin zur Untersuchung ihres Zustands.» Als sie aber Maria berührt, wird ihre Hand von Feuer verzehrt. Darauf fällt sie vor Jesus auf die Knie und betet ihn an, und ihre Hand wird wieder geheilt.

Die Magier kommen, die über Betlehem den Stern gesehen haben, und Herodes läßt alle Kinder in Betlehem ermorden. Aber Maria erfährt von den Mordplänen des Königs, wickelt ihr Kind in Windeln und versteckt es in einer Ochsenkrippe. «Ich aber, Jakobus, der ich diese Geschichte aufgeschrieben habe, begab mich […] in die Wüste […]. Ich werde den Herrn preisen, der mir die Weisheit geschenkt hat, diese Geschichte zu schreiben.» Es ist fast überflüssig zu betonen, daß dieser «Jakobus» nicht mit dem hundert Jahre zuvor hingerichteten «Herrenbruder» identisch sein kann, der im Protevangelium im Interesse der fortwährenden Jungfrauschaft Marias zu einem Stiefbruder Jesu gemacht wird.

Neben dem Wunsch, die verschiedenen Elemente der Marientradition in einer einheitlichen und widerspruchslosen narrativen Form verfügbar zu haben, kommt im Protevangelium das Unbehagen der Gläubigen am niedrigen sozialen Status der Maria zum Ausdruck und der Wunsch, der verehrten hohen Frau gegen das herbe Zeugnis der Evangelien eine vor-

Ruhe auf der Flucht. Gemälde von Orazio Gentileschi, 1628.
Paris, Louvre

nehme Abkunft, göttliche Zeichen ihrer Erwähltheit, Anerkennung durch ihre Mitmenschen, ewige Jungfrauschaft und
eine wundersam unkörperliche, schmerzfreie Geburt anzu-
dichten. Mögen die gehäuften Zeichen und Wunder in solchen
Legenden uns ebenso stören wie Bildnisse und Statuen einer
mit Gold und Juwelen beladenen Madonna, weil sie von der
schlichten und poetischen Wahrheit des Stalls ablenken, von
der Ernst Bloch spricht. Sie sind aber Produkte der Liebe, die
nun einmal dazu neigt, ihren Gegenstand in den Himmel zu
erheben.

Die Göttin im Christentum

Bei alledem bleibt Maria aber doch ein Mensch. In der vom
schweren Duft der Göttinnen getränkten Atmosphäre des
östlichen Mittelmeers führte die menschliche Neigung, aus
Menschen Idole zu machen und sich das Göttliche im Men-
schenbild vorzustellen, bald jedoch zur Entstehung eines
Kults der Maria als Göttin. Unterstützt wurde diese Entwick-

lung von der intellektuellen Gewohnheit der synkretistischen Integration jeder neuen Gottheit in den bestehenden Götterreigen. So verwundert es nicht, daß es ein ehemaliger Priester der Kybele gewesen sein soll, der Eunuch Montanus, der um 150 in Phrygien, der heutigen Westtürkei, als charismatischer Prophet der Göttin Maria auftrat.

Die «Marianiten» oder «Philomarianiten», die nach ihrem Gründer auch Montanisten genannt werden, waren wohl die erste Basisbewegung im Christentum; wie viele spätere Erneuerungsbewegungen innerhalb des Katholizismus und Protestantismus waren sie von Sehnsucht nach der ekstatischen Glaubensunmittelbarkeit, endzeitlichen Begeisterung und innigen Gemeinschaft der Urkirche ergriffen. Frauen spielten als zölibatär lebende «Prophetinnen» eine genauso wichtige Rolle im Glaubensleben der Montanisten wie Männer; zu den Besonderheiten der Bewegung gehörte – wenn man ihren Gegnern glauben darf – neben der Anbetung Marias die Verehrung der Urmutter Eva, gerade weil sie vom Baum der Erkenntnis gegessen hat.

Die montanistische Bewegung muß, obwohl sie von den kirchlichen Autoritäten verurteilt wurde, über Jahrhunderte hinweg im großen halbmondförmigen Raum zwischen dem Balkan und Arabien sehr einflußreich gewesen sein. Auf dem ersten ökumenischen Konzil zu Nizäa (325) wurde zwar die Unvereinbarkeit der kirchlichen Lehre mit «Marianisten» festgestellt, die neben Gott zwei weitere Gottheiten gelten lassen wollten: Jesus und Maria. Die drohende Exkommunikation hatte aber anscheinend nur geringe abschreckende Wirkung: Eine Generation nach Nizäa wird aus Ägypten über die Häresie der Kollyridianer berichtet. Der Name dieser aus Thrakien stammenden Sekte leitet sich von dem griechichen Wort «Collyris» (kleiner Kuchen) ab: Wie die Frauen Israels um 600 v. Chr. den Zorn des Propheten Jeremia erregten, weil sie der heidnischen Himmelskönigin Kuchen opferten, empört sich der christliche Bischof Epiphanius fast tausend Jahre später darüber, daß die Kollyridianer zu bestimmten Festtagen Kuchen am Altar der Maria opfern. Dieser Götzendienst werde von Prophetinnen und Diakonissinnen versehen, Männer aber seien ausgeschlossen.

Trotz schärfster Kritik breitete sich der Kult in Syrien und Arabien weiter aus: Mitte des 6. Jahrhunderts schimpft Leontinus von Byzanz über «das Brot, das die Philomarianiten im Namen Marias opfern»[49]. Die Verehrung der Maria als göttlich oder gottähnlich war noch einhundert Jahre später so verbreitet, daß Mohammed die christliche Dreifaltigkeit offensichtlich für eine Vater-Mutter-Sohn-Driade analog dem Isis-Kult hielt und im Koran dagegen polemisierte. In der Sure 5,116 fragt Gott beim letzten Gericht: «Isa [= Jesus], Sohn Marjams! Hast du je zu den Menschen gesagt: Nehmt euch mich und meine Mutter außer Allah als Götter?» Jesus antwortet: «Ich sagte nur, was Du mir befohlen: ‹Dient Allah, meinem und eurem Herrn!›»[50]

Der Koran über die Dreifaltigkeitslehre

Zur Dreifaltigkeitslehre schrieb Mohammed etwa 300 Jahre nach Nizäa im Koran (Sure 4,171 f.): «Volk des Buches! Überschreitet in eurer Religion nicht die Grenze! Sagt über Allah nichts als die Wahrheit: Der Messias Isa [= Jesus], der Sohn Marjams, ist nur Allahs Gesandter, sein Wort, das er an Marjam entbot, und Geist von ihm. Daher glaubt an Allah und seinen Gesandten und sagt nicht: Dreiheit. Hört auf damit!»

UTOPIE UND SEXUALMORAL

War also der in Ephesus sanktionierte Kult der Jungfrau Maria letztlich doch nichts weiter als die Akkomodation einer orientalisch-archetypischen, stets verdrängten und stets wiederkehrenden heidnischen Göttin im Christentum? Das war er auch; aber er war auch viel mehr; und das mußte er sein, weil das Christentum nicht einfach eine neue Religion darstellte, sondern seinen Aufstieg vor allem der Tatsache verdankte, daß mit ihm eine moralische Revolution verbunden war. Das soll hier in aller Kürze erläutert werden.

Die ersten Christen, so Paulus und vermutlich auch Maria, erwarteten tagtäglich das Ende der Welt, wie es Jesus verkündet hatte (Mk 9,1): «Amen, ich sage euch: Von denen, die hier stehen, werden einige den Tod nicht erleiden, bis sie gesehen haben, daß das Reich Gottes in Macht gekommen ist.» Auch nach dem Tod der Menschen, an die Jesus seine Worte gerichtet hatte, starb die Erwartung eines plötzlichen Einbruchs der Endzeit nicht. In der fast siebzig Jahre nach der Kreuzigung geschriebenen «Offenbarung des Johannes» («Apokalypse») sieht der Visionär «die heilige Stadt Jerusalem, wie sie von Gott her aus dem Himmel herab» kommt: «Ihre Mauer ist aus Jaspis gebaut, und die Stadt ist aus reinem Gold, wie aus reinem Glas. […] Und man wird die Pracht und die Kostbarkeit der Völker in die Stadt bringen. Aber nichts Unreines wird hineinkommen, keiner, der Greuel verübt und lügt. Nur die, die im Lebensbuch des Lammes eingetragen sind […].» (Offb 21,10 ff.)

Es ist bezeichnend, daß die Utopie der Apokalypse die Gestalt einer Stadt annimmt: Das Christentum wurde nämlich, trotz seiner Ursprünge im ländlichen Galiläa, in der Diaspora zu einer fast ausschließlich städtischen Bewegung. Das von den Christen zur Kennzeichnung der Heiden verwendete lateinische Wort «paganus» bedeutet «Bauer, Landbewohner». In der Stadt aber manifestierte sich die Krise der Spätantike in zugespitzter Form. Die Ausbreitung des Christentums war vor allem eine Antwort auf diese Krise.[51]

In Städten wie Rom oder Antiochia war die Bevölkerungsdichte höher als im heutigen Kalkutta oder Bombay; den engen Stadtraum teilten sich die Menschen außerdem mit allerlei Nutz- und Haustieren. Der Lärm, Dreck und Gestank dieser antiken Metropolen muß unvorstellbar gewesen sein. Die meisten Familien lebten in winzigen Einzimmerwohnungen ohne Heizung und Kochgelegenheit, von sanitären Einrichtungen ganz zu schweigen; Seife war unbekannt, Abwasserbeseitigung ein ständiges Problem, Ungeziefer eine unbezähmbare Plage. Epidemien dezimierten immer wieder die Bevölkerung, und ein sehr großer Teil der Menschen war chronisch krank. Der Tod war allgegenwärtig und alltäglich. Die Lebenserwartung im Römischen Reich betrug durchschnittlich weniger als 25 Jahre, und nur 4 von 100 Männern – und erheblich weniger Frauen – wurden älter als 50. Ohne Zuwanderung hätten diese städtischen Brutstätten des Todes nicht einmal ihre Bevölke-

Johannes auf Patmos. Ein Engel verweist den Verfasser der
«Offenbarung» auf die Erscheinung der «Frau der Apokalypse»,
in der das Mittelalter Maria sah.
Gemälde von Hieronymus Bosch, um 1505.
Berlin, Gemäldegalerie

rungszahl stabil halten können; ihnen strömten aber aus allen Teilen der Welt entwurzelte Menschen zu: In Antiochia, der viertgrößten Stadt des Reichs, lebten achtzehn verschiedene ethnische Gruppen, größtenteils in abgeschotteten Stadtteilen; Solidarität und feste Bindungen, Voraussetzungen einer Zivilgesellschaft, konnten sich kaum entwickeln, die öffentliche Ordnung verkam, brutalste Verbrechen waren an der Tagesordnung.

Zwischen Todesangst und Lebensgier blieb eine Leere, die durch die alten untereinander austauschbaren und um den jeweils herrschenden Kaiser ergänzten Götter und Göttinnen nicht ausgefüllt werden konnte, zumal sie nur Abbilder und Stützen der bestehenden Verhältnisse, nicht ihre Gegenbilder waren. Ihr Zweck war die Erhaltung des Gemeinwesens, und wie sie selbst keine Individuen waren, so waren ihnen die Individuen gleichgültig. Paulus übertrieb nicht, als er vom «ängstlichen Harren der Kreatur» schrieb, die «darauf wartet, daß die Kinder Gottes offenbar werden» (Röm 8,19 ff.): «Wir wissen, daß die ganze Schöpfung bis zu diesem Augenblick mit uns seufzt und sich ängstigt.»

Diese seelische Krise spürte die städtische Mittelschicht am schärfsten: Händler, Handwerker, Beamte, Offiziere. Entgegen der von Friedrich Engels und anderen Sozialisten propagierten romantischen Vorstellung des Christentums als «Religion der Sklaven und Unterdrückten»[52], als Ideologie der Befreiung, waren die ersten Christen wohlhabende oder jedenfalls nicht arme Menschen: gebildete und assimilierte hellenisierte Juden sowie ihre nichtjüdischen Nachbarn und Freunde. Ihnen folgten wahrscheinlich ihre Gesellen, Diener und Hausklaven in die kleinen Hauskirchen, die oft in unmittelbarer Nachbarschaft der Synagogen entstanden. Die Aristokraten und Neureichen als Nutznießer des Systems gefielen sich hingegen in einer hemmungslosen Jagd nach dem hedonistischen Glück, das ihnen die Olympier vormachten; einige Gebildete wandten sich einem stoischen Zynismus zu. Ganz unten aber lag die Masse der Bevölkerung – Arbeitssklaven und arbeitslose Proleten, einfache Soldaten, Bauern und Landarbeiter –

weiterhin den alten Gottheiten zu Füßen und bettelte um eine kleine Erleichterung ihres täglichen Elends.

Neben der befreienden und demokratisierenden Vorstellung eines ewigen Lebens, in dem alle Unterschiede und Rangordnungen hinfällig würden, einer bereits in der Gemeinde der Heiligen beginnenden Utopie der Liebe, waren es gerade die strengen Moralvorstellungen der Christen, die anziehend wirkten, und zwar besonders auf Frauen. Im auffälligen Gegensatz zur Verehrung, die den Göttinnen von Syrien bis Spanien, von Nordafrika bis an die Grenzen Germaniens entgegengebracht wurde, war das Los von Mädchen und Frauen im ganzen Mittelmeerraum, von Rom bis in die letzte Provinzstadt, schlicht erbärmlich. Um die Bevölkerungszahl auch nur konstant zu halten und das Überleben der Gesellschaft zu ermöglichen, hätte jede Frau im Durchschnitt fünf lebende Kinder zur Welt bringen müssen; das erklärt die Allgegenwart von Göttinnen der Fruchtbarkeit und des Kindbetts. Gebären war erste Frauenpflicht, und nicht nur im kleinen Nazaret, sondern auch in der Metropole Rom wurde fast die Hälfte der Mädchen bereits im Alter zwischen 12 und 14 in diese Pflicht eingeführt. Jungfräulichkeit hingegen war Frauen nur als zeitweiliger Zustand – etwa während eines Tempeldienstes als Vestalin – gestattet, ansonsten aber verpönt.

Die Geringschätzung der Frau wirkte sich aber darin aus, daß nur gesunde männliche Nachkommen erwünscht waren. Das Töten von Mädchen und behinderten Jungen nach der Geburt – in der Regel durch Aussetzen, aber auch durch Ertränken in den Hauskloaken – war gesetzlich erlaubt und wurde fast überall mit großer Selbstverständlichkeit praktiziert. Selten wurde pro Familie mehr als ein Mädchen großgezogen. Das Ergebnis war ein zunehmender Männerüberhang und – bei aller frenetischen Beschwörung der Fruchtbarkeit – eine stetig sinkende Bevölkerungszahl. Hinzu kam eine sehr hohe Abtreibungsrate, sei es, vor allem bei den Reichen, um das Resultat unehelicher oder ungesetzlicher Beziehungen zu verbergen, sei es, bei den Armen, um die wirtschaftliche Belastung durch eine große Familie zu vermeiden. In den meisten Fällen allerdings mußte die Frau auf Anordnung eines Mannes abtreiben; oft verlief der Eingriff tödlich. So befahl Kaiser Domitian seiner Nichte Julia die Abtreibung, nachdem er sie geschwängert hatte; sie starb an den Folgen. Schließlich führte die allgegenwärtige weibliche und männliche Prostitution zur Entwürdigung der Ehefrau als bloßer Gebärmaschine und Haushaltshilfe und nebenbei, da die Männer den ehelichen Verkehr mieden, zur weiteren Senkung der Geburtenrate. Die Sexualmoral des Reichs war eine Kultur des Todes.

Die christliche Moral bedeutete einen radikalen Bruch mit dieser Maschinerie des Gebärens und Sterbens. Da nach Ansicht der ersten Christen die Niederkunft des himmlischen Jerusalems unmittelbar bevorstand, war das Zeugen und Gebären überflüssig geworden; wichtiger war es, sich auf das kommende Ende der Welt seelisch vorzubereiten. Hier finden wir übrigens einen weiteren Grund für die antifamiliäre Tendenz der Evangelien. Vorbilder christlicher Jungfräulichkeit waren in den ersten Jahrzehnten Männer wie Jesus und der Apostel Paulus, nicht die Mutter Jesu und seiner Geschwister.

Nachdem die Erwartung eines unmittelbaren Einbruchs der Endzeit enttäuscht worden war, entwickelte sich der Gedanke, die Apokalypse gerade durch den Verzicht auf die sexuelle Reproduktion herbeizuzwingen; die Grundlage aller Gesellschaft radikal in Frage

Paulus schreibend. Detail. Relief von einem Elfenbeinkästchen, um 420. London, British Museum zu stellen, den irdischen Kreislauf von Geburt und Tod ein für allemal anzuhalten.

Die positive Einstellung ihrer Religion zur Jungfräulichkeit von Männern und Frauen und zur sexuellen Enthaltsamkeit innerhalb der Ehe erlaubte es den Christen, zum ersten Mal offen vom Opfer zu sprechen, das die antike Gesellschaft der verheirateten Frau abverlangte: vom Tod im Kindbett, den Schmerzen bei der Geburt und beim Säugen, der Ansteckung durch Kinderkrankheiten, der Scham der Unfruchtbaren und dem Unglück älterer Frauen, deren Männer sich Prostituierten oder jüngeren Sklavinnen zuwenden: «All das ertragen sie und sehen kein Ende ihrer Plackerei», heißt es in einer Predigt.[53] Erst die Kirche ermöglichte es Frauen im größeren Ausmaß, ihre Körper – und damit übrigens ihr Eigentum – der Verfügbarkeit durch einen Mann zu entziehen und eine Freiheit zu gewinnen, um die sie ihre heidnischen Schwestern auch dann beneiden mußten, wenn sie mit der abstrusen Lehre vom unsichtbaren Gott und seinem toten Sohn wenig anfangen konnten. Die unverheirateten christlichen Frauen wären «selig, auch wenn es kein Himmelreich gäbe, das sie erben werden»[54].

Auf Dauer allerdings war mit der totalen sexuellen Abstinenz kein Staat zu machen. Schon Paulus hatte die Linie des Kompromisses vorgegeben (1 Kor 7,7 ff.): «Ich wünschte, alle Menschen wären [unverheiratet] wie ich. Doch jeder hat seine Gnadengabe vor Gott, der eine so, der andere so. Den Unverheirateten und Witwen sage ich: Es ist gut, wenn sie so bleiben wie ich. Wenn sie aber nicht enthaltsam leben können, sollen sie heiraten. Es ist besser zu heiraten, als sich in Begierde zu verzehren.» Diese Äußerung des Apostels ist oft als lustfeindlich kritisiert worden; tatsächlich aber ist hervorzuheben, daß die Ehe hier als Mittel nicht zum Zwecke des Kinderkriegens, sondern zur gegenseitigen sexuellen Befriedigung geschlossen wird, wie Paulus betont (1 Kor 7,4): «Nicht die Frau verfügt über ihren Leib, sondern der Mann. Ebenso verfügt nicht der Mann über seinen Leib, sondern die Frau.»

Vom Judentum übernahmen die Christen das absolute Verbot der Kindestötung, der Abtreibung und der Prostitution.

Christus hatte überdies auch die den Juden erlaubte Scheidung abgelehnt. Christliche Mädchen sollten möglichst lange Jungfrau bleiben und wurden daher später verheiratet: 80 Prozent waren bei der Hochzeit über 15, fast 50 Prozent sogar 18 oder älter. Paradoxerweise hatte die strenge Moral der Christen zur Folge, daß ihre Geburtenrate bald erheblich höher lag als die ihrer heidnischen Mitbürger: Teils, weil gerade Frauen konvertierten; teils, weil die Sexualpraktiken der Christen die eheliche Gemeinschaft stärkten; teils, weil der Anteil weiblicher Nachkommen bei ihnen höher war.

In dem Maße aber, wie die Kirche Frauen als Mitglieder gewann, wurde die Frage nach dem Ideal der Weiblichkeit in der Kirche akuter. Hier bot sich die oszillierende, widersprüchliche Gestalt der Maria an. Der freudige Ausruf der Anna, als sie von der Geburt einer Tochter hört, unterstrich den Wert weiblicher Kinder. Die junge Maria bot christlichen Mädchen und Nonnen das Ideal der Jungfrauschaft; Ehefrauen und Mütter sahen in der Mutter Jesu und Ehefrau Josefs ein Bild ehelicher Treue und fürsorgender Mütterlichkeit. Und die Anwesenheit Marias beim entscheidenden Ereignis der Urgemeinde bestätigte die führende Rolle, die Frauen in der frühen Kirche spielten, zum Beispiel als Diakonissinnen. So war die Marienverehrung eingebunden in die Institutionalisierung der moralischen Revolution des Christentums.

Mindestens genauso wichtig für die Entwicklung des Marienkults war die Ausdehnung der sozialen Basis des Christentums. Bei einem geschätzten konstanten Wachstum von etwa 40 Prozent alle 10 Jahre blieben die Christen zweihundert Jahre lang eine kleine radikale Minderheit. Im Jahre 250 gab es vermutlich kaum mehr als eine Million Christen, nicht ganz 2 Prozent der Gesamtbevölkerung des Weltreichs; einhundert Jahre später aber wurden es bei gleichbleibender Wachstumsrate über 33 Millionen, fast 60 Prozent! [55] Die Anerkennung des Christentums als gleichberechtigte Religion durch Kaiser Konstantin im Jahre 313 war wenig mehr als die Bestätigung einer offensichtlichen Tatsache. Bald wurde aus der Anerkennung Unterstützung und Bevorzugung: Im Jahre 325 beispielsweise ließ Konstantin den Kult der Aphrodite-Astarte, zu dem die rituelle Tempelprostitution gehörte, verbieten. Wenig später schrieb er an den Bischof von Alexandria: «Da du nun meinen Willen kennst, gewähre allen, die die Kirche betreten wollen, ungehinderten Zugang. Wenn ich nämlich erfahre, daß du [...] irgendwen, der an der Gemeinde teilnehmen wollte, gehindert oder vom Eintritt abgehalten hast, werde ich sofort jemanden schicken, der dich auf meinen Befehl hin absetzen und deportieren soll.»[56] Vierzig Jahre später waren alle heidnischen Kulte im Reich verboten. Erst jetzt wurde die christliche Kirche zur Kirche der Sklaven und Unterdrückten, erst jetzt kamen die «pagani» in die «katholische» – das heißt «alle umfassende» – Kirche. Ihnen allen aber, die noch gestern der Aphrodite oder Astarte, Kybele oder Artemis ihre Opfer dargebracht hatten, bot Maria eine Brücke zum Christentum, eine Identifikationsfigur in der Kirche. Ohne sie wäre der Übergang von der Fundamentalopposition gegen die Welt zur Staatsreligion des Weltreichs denkbar, aber nicht machbar gewesen. Nicht der alte Orient legte also in Ephesus letzte Hand an das Christentum; sondern die alten asiatischen Göttinnen wurden christlich getauft.

DAS «CHRISTOLOGISCHE DILEMMA»

Obwohl ein Kirchenmann wie Kyrillos, wie wir gesehen haben, sich durchaus der Zusammenhänge zwischen dem Kult der Göttinnen und dem Marienkult bewußt war, wäre es sicherlich falsch, das Ergebnis von Ephesus auf die «Taufe» der Göttinnen zu reduzieren. Der theologische Hintergrund des Konzils hat sogar – auf den ersten Blick – weniger mit Maria als mit ihrem Sohn, weniger mit Mariologie als mit Christologie zu tun; nämlich mit der zentralen Frage: Wer oder was war Jesus Christus? Weder in den Evangelien noch in den Paulus-Briefen wird die Frage nach dem Verhältnis von Göttlichem und Menschlichem im «Sohn Gottes» klar beantwortet. Der Historiker Jaroslav Pelikan nennt die Diskussion um diese Frage die «wichtigste intellektuelle Auseinandersetzung der ersten fünf Jahrhunderte der christlichen Geschichte – ja der Geschichte des Christentums überhaupt [...]»[57].

Innerhalb der frühen Kirche gab es zwei einander radikal widersprechende Lösungsansätze für dieses «christologische Dilemma»:

Für manche Christen war Jesus ganz Mensch, Sohn des Josef und der Maria, der von Gott als Sohn – als Messias oder, wie das hebräische Wort griechisch übersetzt heißt, als Christus – angenommen wurde: bei der Taufe am Jordan, wie man es im Markusevangelium nachlesen kann (Mk 1,9 ff.), oder sogar erst bei seiner Auferstehung, wie es Paulus wohl geglaubt hat (Röm 1,4). Diesen Standpunkt des «Adoptionismus» vertraten auch die judenchristlichen Ebioniten. Vermutlich von ihnen beeinflußt war Arius aus Alexandria, für den Jesus Christus zwar ein vollkommenes Geschöpf war, jedoch eben nur Geschöpf und nicht Gott. Die Lehren des Arius wurden bereits vom Konzil zu Nizäa als Häresie verurteilt, aber noch 150 Jahre später bekannte sich Theoderich der Große, Begründer des Ostgotenreichs, zum Arianismus.

Für andere Christen hingegen war Jesus nur zum Schein Mensch, in Wirklichkeit aber ein reines Geistwesen. Weder seine Geburt noch sein Tod seien daher körperlicher Natur gewesen. Dieser Standpunkt wird «Doketismus» genannt, vom griechischen Verb «dokein» = «scheinen». Der Doketismus war der spezifisch christliche Ausdruck einer die ganze spätantike Welt erfassenden Bewegung: der Gnosis.

Etwa gleichzeitig mit dem Christentum entstanden, verschmolz die Gnosis Elemente aus jüdischen, christlichen, babylonischen, ägyptischen und griechischen Traditionen zu einem okkulten und elitären «Wissen um göttliche Geheimnisse»[58]. Die Gnosis (auch Gnostizismus genannt) lehrt den unaufhebbaren Gegensatz von Licht und Finsternis, Geist und Materie. Durch den Angriff der Mächte der Finsternis oder den Abfall eines Lichtwesens ist es zur Vermischung von Licht und Dunkel, Geist und Materie gekommen; zur Entstehung von Menschen, in deren körperlicher Hülle aus Materie Lichtteile eingeschlossen sind. Ziel des Menschen muß die Entmischung sein, die Erlösung und Befreiung des Geists, seiner Lichtanteile, aus dem Gefängnis des Körpers, den Fesseln der Materie.

Endgültig ist das erst durch den Tod zu erreichen; in diesem Leben kann eine Elite durch Askese, Absage an die Welt und Abtötung der Begierden dem Licht näherkommen.

Bereits im 2. Jahrhundert wurde ein gnostisch beeinflußtes doketisches Christentum von Markion und Valentin gepredigt. Nach Markion wurde Jesus weder durch einen Mann gezeugt noch durch eine Frau geboren; vielmehr sei er plötzlich vom Himmel erschienen und habe weder Familie noch irdische Bindungen gekannt. Für Markion war Jesus, da ohne Mutter, auch nicht Jude, und die hebräische Bibel dementsprechend für Christen irrelevant. (Es ist kein Zufall, daß der Markionismus in Deutschland keine zehn Jahre vor dem Machtantritt der Nationalsozialisten wieder entdeckt und salonfähig wurde.[59]) Valentin erkannte zwar Maria als Mutter des Erlösers an, doch sei der Sohn Gottes in vollkommener Gestalt, so wörtlich, «durch die Jungfrau hindurch wie Wasser durch eine Röhre» gegangen, ohne von ihr etwas Menschliches anzunehmen.[60] Auch die erste Universalreligion der Menschheitsgeschichte beruhte auf gnostischen Gedanken. Für ihren 216 in Babylon geborenen Stifter Mani, einen ehemaligen Judenchristen, gehörte Jesus neben einigen Gestalten der Hebräischen Bibel sowie Zarathustra und Buddha zu den periodisch wiederkehrenden «Lichtgesandten», die den Menschen helfen, die Welt der Materie zu überwinden. Der Manichäismus hat einen großen Einfluß auf das Christentum ausgeübt. Beispielsweise gehörte Augustinus, Urheber der Lehre von der Erbsünde, von dem gleich die Rede sein wird, neun Jahre lang einer manichäischen Glaubensgemeinschaft an.

Gegen Arius hatte das Konzil von Nizäa festgelegt, Jesus sei «Gott von Gott, Licht vom Lichte, wahrer Gott vom wahren Gott, gezeugt, nicht geschaffen, wesenseins mit dem Vater [...]».[61] Die Lehre von der Wesensgleichheit von Vater und Sohn («Homousie») ließ aber die Frage nach der menschlichen Natur Jesu offen. Diese Frage war Ausgangspunkt der Polemik zwischen Kyrillos und Nestorius um den Begriff «Theotokos». Für Nestorios wohnte das Göttliche in Jesus wie in einem Tempel. Maria könne jedoch nicht «Gottesge-

Mittelteil vom Anna-Selbdritt-Triptychon des sog. Meisters von Frankfurt, um 1510. Karlsruhe, Staatliche Kunsthalle. «Anna Selbdritt», das heißt Anna mit ihrer Tochter Maria und ihrem Enkelkind Jesus, war ein beliebtes Thema mittelalterlicher Maler. Hier wird es ergänzt um die Darstellung der Dreifaltigkeit: Vater, Sohn und Heiliger Geist.

bärerin» genannt werden, weil es lächerlich sei, sich Gott als hilfloses Wickelkind vorzustellen. Für Kyrillos aber war Jesus Gott und Mensch zugleich, wie ein brennendes Stück Holz oder Kohle Festkörper und Flamme zugleich sei. Gott habe um der Menschheit willen das Trauma der Geburt wie den Tod am Kreuz ertragen. Maria sei Gottesgebärerin, weil sie Gott als Kind geboren habe.[62] Die Christologie des Kyrillos wurde zwanzig Jahre nach seinem Sieg in Ephesus und einige Jahre nach seinem Tod von einem weiteren Konzil bestätigt, nachdem Papst Leo I. die glückliche Kompromißformel von den «zwei Naturen in einer Person» gefunden hatte. In der Erklärung des Konzils zu Chalkedon (451) heißt es: «Wir bekennen ein und denselben Christus, den Sohn, den Herrn, den Einziggeborenen, der in zwei Naturen unvermischt, unverwandelt, ungetrennt und ungesondert besteht. [...] Wir bekennen nicht einen in zwei Personen getrennten und zerrissenen, sondern einen und denselben einziggeborenen Sohn, das göttliche Wort [...].»[63]

Maria aber war die Klammer, die beide Naturen in einer Person zusammenhielt, «die Werkstätte der Vereinigung der Naturen», wie der Nestoriusgegner Proclus bereits vor Ephesus predigte[64]. Ihre Mutterschaft war Garant der wahren Menschlichkeit des Gottessohns; ihre Jungfräulichkeit Symbol für die Göttlichkeit des Menschensohns. Darum auch wurden ihr in Chalkedon sowohl die Eigenschaft «Aieparthenos» – immerwährende Jungfrau – als auch der bisher den heidnischen Göttinnen des Reichs vorbehaltene Ehrentitel «heilige Herrin» zugesprochen.

Sicherlich war die Entwicklung der Mariologie, wie wir gesehen haben, nicht nur Nebenprodukt und Konsequenz der Lösung des «christologischen Dilemmas». Das war sie zwar auch; aber als die Epheser das Konzilsergebnis feierten, bejubelten sie nicht Jesus, sondern seine Mutter. Der Theologe Theodor Kolde gelangte sogar zur Ansicht, «daß die Entstehung des christologischen Dogmas [...] auf die Marienverehrung zurückzuführen ist»[65]. In einer Streitschrift des Athanasius von Alexandria gegen die Doketisten über ein halbes Jahrhundert vor Ephesus heißt es: «Ihr seid mit eurer Gottlosigkeit weitergegangen als jede andere Häresie», weil diese Lehre «die Kommemoration und das Offizium Marias überflüssig macht».[66] Hier wird in der Tat die christologische

Argumentation auf den Kopf gestellt: Wenn Marienfeiern und Mariengottesdienste einen Sinn haben sollen, muß der Gottessohn Jesus auch Sohn der Maria sein.

Es wird wohl so gewesen sein, daß die Entwicklung des Marienkults und der Christologie zunächst parallel verliefen; in Ephesus wurden sie aber miteinander verknüpft, und zwar derart, daß für die nächsten 1000 Jahre an eine Auflösung nicht zu denken war.

DER GOTTESSTAAT

Maria stand im Mittelpunkt eines weiteren theologischen Streits, der mit Notwendigkeit in dem Augenblick ausbrechen mußte, als das Reich christlich wurde. Hatten doch die Christen, deren Hoffnung auf das Hereinbrechen des apokalyptischen Zeitalters in den ersten Jahrhunderten enttäuscht worden war, mit ihrer zunehmenden Zahl und Macht eine neue Hoffnung zu schöpfen begonnen: daß nämlich mit dem Sieg der Kirche das Weltreich selbst, ehedem das Reich des Bösen, nun zum Reich Gottes auf Erden werden könnte. Diese Hoffnung fand in der Lehre des irischen Asketen Pelagius ihren theologischen Ausdruck. Ende des 4. Jahrhunderts predigte Pelagius, der Mensch könne sich aus freien Stücken für das Böse oder das Gute entscheiden. Pelagius berief sich dabei auf die Überzeugung vieler Christen, Maria sei ohne Sünde und sogar, wie es in der lateinischen Fassung des «Ave Maria» heißt, «plena gratia» – «voll der Gnade» – gewesen. Wie hätte sie auch sonst der Ehre würdig sein können, die Wohnung Gottes zu sein? Wenn aber der Mensch Maria ein in jeder Hinsicht reines und gottgefälliges Leben führen konnte, warum sollte das anderen Christen unmöglich sein? Warum sollte also nicht das Neue Jerusalem auf Erden errichtet werden können? Noch jeder Versuch der Weltverbesserung geht letztlich von diesem pelagianistischen Vertrauen auf die Möglichkeit der Perfektibilität des Menschen aus, dessen Urbild Maria war.

Nur zu augenfällig war jedoch die Tatsache, daß mit der «konstantinischen Wende» und der Christianisierung der Welt eine Verweltlichung des Christentums einhergegangen war. In die Kirche waren nicht nur die unwissenden Heiden geströmt, sondern unter dem Zwang der Behörden oder ihrer Umwelt auch Opportunisten und Lauwarme, Gleichgültige, Zyniker und Karrieristen. Auch Christen hatten sich als anfällig für alle Laster erwiesen; auch christliche Herrscher konnten brutal, korrupt oder einfach unfähig sein; und das am Ende des 4. Jahrhunderts in eine Ost- und eine Westhälfte geteilte Reich zerfiel zusehends unter den Schlägen barbarischer Stämme. Im Jahr 410 war das christliche Rom von den Goten Alarichs erobert worden, und erst im Jahr des Konzils von Chalkedon 451 wurden die Horden des Hunnenkönigs Attila in der Schlacht auf den Katalaunischen Feldern in Frankreich zum Stehen gebracht. Hätten die Hunnen gesiegt, wäre das Christentum möglicherweise eine kurze Episode in der Geschichte Europas und der Welt geblieben. Ausdruck der Krise des christlichen Weltreichs ist die Lehre des ehemaligen Manichäers Augustinus von der Erbsünde.

Gegen den Optimismus der Pelagianer setzt Augustinus die dunkle Vision einer durch Adams Sündenfall unrettbar gefallenen Menschheit und einer von Eva an alle ihre Kinder von Generation zu Generation weitergegebenen Erbsünde, die den Menschen daran hindert, das Gute auch nur ausreichend zu wollen, geschweige denn, es zu verwirklichen. Niemand ist frei, die Sündenlosigkeit zu wählen, Gottgefälligkeit aus eigener Kraft ist Illusion, das Reich Gottes ist, wie Augustinus in seinem Werk «Der Gottesstaat» betont, nun einmal nicht von dieser Welt.

Allerdings warf die Lehre des Augustinus ihrerseits ein mariologisches Problem auf, das jahrhundertelange theologische Diskussionen und schließlich auch ein neues Mariendogma – das Dogma der «Unbefleckten Empfängnis» Marias – hervorbringen sollte: Gemeint ist, daß Maria selbst «unbefleckt» empfangen wurde. Denn wie sollte die Mutter Jesu, wenn sie als Tochter Evas an der Erbsünde teilhatte, einen Sohn gebären können, der ohne Sünde war?

Augustinus selbst löste das Problem, indem er die Kette der Erbsünde dadurch unterbrochen sah, daß Jesus unbefleckt empfangen worden war: «Nicht durch Fleischeslust kam er in die Welt, seine Empfängnis erfolgte ohne eheliche Umarmung; vom Leib der Jungfrau empfing er nicht die Wunde, sondern das Heilmittel.»[67] Nur Jesus, «der auch trotz des Menschwerdens Gott blieb, hatte nie eine Sünde, noch nahm er Sündenfleisch an, auch wenn er aus mütterlichem Sündenfleisch Mensch wurde»[68].

So war Maria Kronzeugin der optimistischen und der pessimistischen Weltsicht innerhalb der neuen Reichsreligion; der auf Veränderbarkeit der Menschen und ihrer Welt drängenden Pelegianer – deren Lehre übrigens auf dem Konzil zu Ephesus verurteilt wurde – und des auf Akzeptieren menschlicher Schwäche und der Unvollkommenheit aller menschlichen Ordnungen bedachten Augustinus. Dieses Doppelgesicht hat sie bis heute beibehalten.

Exkurs:
Die Schönheiten der Theologie

«Wie eine Perle das Ergebnis der Reizung im Fleisch einer Muschel ist, so kann sich auch um eine irritierende Stelle in der Bibel eine Legende bilden», schreibt der Gelehrte Louis Ginzberg in Zusammenhang mit der Interpretation der Hebräischen Bibel.[69] Auch im Christentum sind aus irritierenden Stellen Perlen entstanden: Legenden füllen Lücken der neutestamentarischen Erzählungen aus, wie wir gesehen haben; und aus ungeklärten oder widersprüchlichen Bibelaussagen entstehen unter heftigstem Streit die großen Gedankengebäude der Theologie und der Dogmatik.

Das Recht zu dieser Fortentwicklung können christliche Theologen vom Vorbild des Paulus und seiner revolutionären Umdeutung der Hebräischen Bibel ableiten; aber auch aus dem Johannesevangelium, wo Jesus den Jüngern sagt (Joh 14,26): «Der Beistand aber, der Heilige Geist, den der Vater in meinem Namen senden wird, der wird euch alles lehren [...].» Diesen «Beistand» nennt Jesus auch (Joh 15,26) «Geist der Wahrheit». Entspricht eine Fortentwicklung der Lehre dem «Geist der Wahrheit», so wäre sie demnach nicht nur erlaubt, sondern geboten. Wie kann die Kirche aber entscheiden, ob eine Lehrmeinung dem Geist der Wahrheit entspricht? Katholische und orthodoxe Theologen berufen sich dabei auch auf die Tradition, also auf das, was sich über Jahrhunderte in der Volksfrömmigkeit herausbildet und seinen Weg in die Liturgie und die Lehre findet. Hinzu tritt ein theologisches Prinzip, das zuerst Augustinus bei der Verteidigung der «immerwährenden Jungfrauschaft» Marias formulierte: «Gestehen wir Gott zu, etwas vollbringen zu können, von dem wir gestehen, daß wir es nicht zu ergründen vermögen.»[70] Daraus wurde in der mittelalterlichen Theologie der Leitsatz «potuit, decuit, fecit»: Es war Gott möglich, es ziemte sich, also hat es Gott auch getan.

In der antikatholischen Kritik seit der Reformation ist gerade die Entwicklung der Mariologie problematisiert worden, weil ihre Basis im Neuen Testament schmal und widersprüchlich ist. Das Protestantentum verlangte, daß nur die Schrift – «sola scriptura» – als Basis des Glaubens dienen dürfe. Aber abgesehen davon, daß auch die Frage, welche Schriften zur «Schrift» gehören, erst im Laufe der Zeit und durch Rekurs auf den «Geist der Wahrheit» von der Kirche festgelegt wurde – nicht erst die Marienlehre, sondern auch die in Nizäa angenommenen und bis heute von den protestantischen Kirchen vertretenen Dogmen der «Homousie» und der «Dreifaltigkeit» Gottes (als Vater, Sohn und Heiliger Geist) gehen weit über den sprachlichen und gedanklichen Horizont des Neuen Testaments hinaus, wie der Jesuit John Courtney Murray betont. Warum, fragt er, soll die eine Entwicklung legitim sein, die andere nicht?[71]

Auch wer die Beschäftigung mit solchen religiösen Streitfragen für sich nicht als existentielle Notwendigkeit empfindet oder die von der Theologie gefundenen Antworten ablehnt, kann die Schönheit der entstandenen Konstruktionen erfassen.

Im Falle der Mariologie auch ihre Notwendigkeit, denn die Dogmen von Maria Theotokos und den «zwei Naturen» besetzten im innerkirchlichen Konflikt die alles entscheidende Mitte, gerade durch das Widersprüchliche, Oszillierende, Ungreifbare, Irritierende solcher Formulierungen wie «Jungfrau

93

Maria als Jakobsleiter – Verbindung zwischen
Himmel und Erde. Wandgemälde aus dem
16. / 17. Jahrhundert. Melitios-Kloster bei Athen

und Mutter» oder «wahrer Gott und wahrer Mensch», und ret-
teten die Einheit der Kirche. Auch in Zukunft konnten christliche Männer und Frauen in Jesus vor allem den von einer Frau
geborenen göttlichen Menschen und damit eine Jakobsleiter
zwischen Himmel und Erde erblicken; sie konnten in ihm aber
auch – und das war das ganze Mittelalter hindurch weit häufi-
ger der Fall – den von Menschen gekreuzigten Gott und uner-
bittlich gerechten Richter am Jüngsten Tag fürchten, vor dem

nur bestehen konnte, wer sich der Fürsprache der Maria sicher war, die als Mensch Verständnis für menschliche Versuchungen, als Frau und Mutter Trost und Vergebung bereithielt.

Und wenn einerseits die Betonung der «ewigen Jungfräulichkeit» der Gottesgebärerin im Sinne dieses Zentrismus ein Zugeständnis an gnostisch beeinflußte körperfeindliche Richtungen innerhalb der Kirche war, so bedeutete andererseits die Bestätigung der Gottesmutterschaft der Maria, wie schon Augustinus schrieb, die Anerkennung der Würde des weiblichen Körpers.[72] Im Christentum wie im Judentum gab und gibt es wie in jeder Religion, die eine transzendente Wirklichkeit hinter und über der Sinneswelt betont, auch starke sinnesfeindliche Tendenzen; solche Tendenzen können männliche Ängste vor der weiblichen Sexualität verstärken, die sich in Abwehr und Herabsetzung äußern. Die Vorstellung jedoch, die Gebärmutter einer einfachen Frau aus Nazaret sei die passende Wohnstätte für den Allmächtigen, entwickelt jene weltzugewandte Tradition fort, die das Christentum ebenfalls aus dem Judentum geerbt hat und die im ersten Kapitel des Buchs Genesis ihren schönsten Ausdruck findet (Gen 1,27 u. 31): «Gott schuf also den Menschen als sein Abbild; als Abbild Gottes schuf er ihn. Als Mann und Frau schuf er sie. [...] Gott sah alles an, was er gemacht hatte: Es war sehr gut.»

Polemik gegen die Geburt Gottes durch eine Frau

Beinahe tausend Jahre nach dem Konzil zu Ephesus heißt es in der jüdischen Polemik «Sefer Nizzachon Vetus», es sei unvorstellbar, «daß eine heilige Sache in die Frau eingetreten sei, an diesen übelriechenden Ort; denn es gibt auf der ganzen Welt keine so verachtenswerte Sache wie den Bauch der Frau, die voll ist von schleimigem Schmutz und Verunreinigung [...], die menstruiert, unreines Blut ausfließen läßt und den Samen des Mannes aufnimmt».

«EINE FRAU, MIT DER SONNE BEKLEIDET»

Fünfzig Jahre vor dem Auftreten des Montanus in Phrygien war auf der Insel Patmos vor der Küste Kleinasiens die Offenbarung des Johannes entstanden. In diesem an die sieben Gemeinden in der Provinz Asien gerichteten Sendschreiben, dem letzten Buch der christlichen Bibel, tritt zum ersten Mal eine göttliche Frau in Erscheinung (Offb 12,1 ff.): «Dann erschien ein großes Zeichen am Himmel: eine Frau, mit der Sonne bekleidet; der Mond war unter ihren Füßen und ein Kranz von zwölf Sternen auf ihrem Haupt. Sie war schwanger und schrie vor Schmerz in ihren Geburtswehen.»

Gegen die Frau kämpft ein gehörnter Drache, «die alte Schlange, die Teufel oder Satan heißt und die ganze Welt verführt [...]. Der Drache stand vor der Frau, die gebären sollte, er wollte ihr Kind verschlingen, sobald es geboren war. Und sie gebar ein Kind, einen Sohn, der über alle Völker mit eisernem Zepter herrschen wird. Und ihr Kind wurde zu Gott und zu seinem Thron entrückt. Die Frau aber floh in die Wüste, wo Gott ihr einen Zufluchtsort geschaffen hatte [...].» Im Himmel entbrennt ein Kampf; der Drache und seine Engel werden durch den Erzengel Michael und seine Engel besiegt. «Als der Drache erkannte, daß er auf die Erde gestürzt war, verfolgte er die Frau, die den Sohn geboren hatte. Aber der Frau wurden die beiden Flügel des großen Adlers gegeben, damit sie in die Wüste an ihren Ort fliegen konnte. Dort ist sie vor der Schlange sicher [...]. Die Schlange spie einen Strom von Wasser aus ihrem Rachen hinter der Frau her, damit sie von den Fluten fortgerissen werde. Aber die Erde kam der Frau zu Hilfe; sie öffnete sich und verschlang den Strom, den der Drache aus seinem Rachen gespien hatte. Da geriet der Drache in Zorn über die Frau, und er ging fort, um Krieg zu führen mit ihren übrigen Nachkommen, die den Geboten Gottes gehorchen und an dem Zeugnis für Jesus festhalten.»

Heutige Bibelwissenschaftler gehen mehrheitlich davon aus, daß der Verfasser der Offenbarung mit dem «apokalyptischen Weib» nicht die jüdische Frau Maria aus Nazaret meinte – obwohl der Herrscher mit dem eisernen Zepter eindeutig Christus darstellt, «das Wort Gottes» (Offb 19,11 ff.). Die Frauengestalt sei eher, heißt es erklärend in der Einheitsübersetzung der Heiligen Schrift, «Sinnbild des Gottesvolkes des Alten und Neuen Bundes». Vielleicht beschrieb der judenchristliche Apokalyptiker mit der Flucht der Frau in die Wüste einen realen Vorgang wie die Flucht der Jerusalemer Ur-Gemeinde vor den Römern; mit der Ankündigung eines Kriegs des Drachen gegen ihre «übrigen Nachkommen» wollte er vermutlich die jungen Gemeinden Asiens für die bevorstehenden Verfolgungen wappnen, insbesondere wegen ihrer Weigerung, den Kaiser Domitian (81–96) als Gott anzuerkennen.

Und doch ist es bezeichnend für die religiöse Vorstellungswelt dieser Gemeinden, daß der visionäre «Knecht Johannes», wie sich der Verfasser der Apokalypse nennt, solche archetypischen Gestalten vor sich sieht: eine himmlische Frau, die von der Urschlange bedroht wird und einen König gebiert, der die Schlange endgültig besiegen wird. Sehr bald assoziierten die Christen diese Gestalt mit Maria: In jeder katholischen Kirche kann man daher mindestens eine Darstellung der Gottesmutter als Frau der Apokalypse finden, «mit der Sonne bekleidet», den Kopf von zwölf Sternen bekränzt, zu ihren Füßen die Mondsichel, Symbol der frühen Göttinnen und der Wandelbarkeit alles Irdischen unterhalb der Sphäre des Mondes. Mit ihrem Fuß zertritt diese Maria eine Schlange, in Erinnerung an den Fluch Gottes gegen die Schlange, die Eva im Paradies verführte (Gen 2,14f.): «Weil du das getan hast, bist du verflucht [...]. Feindschaft setze ich zwischen dich und die Frau, zwischen deinen Nachwuchs und ihren Nachwuchs. Er trifft dich am Kopf, und du triffst ihn an der Ferse.» Maria als Nachkomme Evas rekapituliert auch die Geschichte der Schlange, «die alle Welt verführt», beginnend mit Eva; mit Maria beginnt das Ende dieser Geschichte.

Am Ende der Apokalypse (Offb 21 u. 22) steht die Vision einer jungfräulichen «Braut», der «Frau des Lammes», in Gestalt der himmlischen Stadt Jerusalem. Dort wachsen die Bäume des Lebens, seit Evas Fehltritt den Menschen versperrt, für alle Erlösten, in dieser Stadt wird es «nichts mehr geben, was der Fluch Gottes trifft». Im himmlischen Jerusalem – «bereit wie eine Braut, die sich für ihren Mann geschmückt hat» – wohnt Gott selbst. Er wird den Menschen – wie in der Apokalypse des Jesaja, die vermutlich der Mutter Jesu soviel bedeutet hat – «alle Tränen von ihren Augen abwischen; der Tod wird

Maria im Strahlenkranz: Als Frau der Apokalypse mit der Sonne bekleidet und auf der Mondsichel stehend. Schnitzaltar aus dem 15. Jahrhundert. Neukloster / Mecklenburg, Kloster St. Maria im Sonnenkamp

nicht mehr sein, keine Trauer, keine Klage, keine Mühsal. Denn was früher war, ist vergangen.» So schimmert die Gestalt Marias – der jüdischen Mutter und der himmlischen Braut – noch in jenem Bild durch, das alle Utopien des Abendlands beflügelt hat.

«Jungfrau, Mutter, Königin, Göttin»

«Ein prophetischer Betrachter der Geschichte hätte, die Welt zu Beginn des siebenten Jahrhunderts überblickend, mit Recht schließen können, daß es eine Frage weniger Jahrhunderte sei, bis ganz Europa und Asien unter mongolischer Herrschaft stehen würden», schreibt Herbert George Wells in seiner «Geschichte unserer Welt».[73] In Westeuropa herrschte nach dem Untergang des weströmischen Reichs das Chaos; das oströmische Reich war vom Reich der Perser hart bedrängt; beiden drohte der Kollaps aus schierer Erschöpfung. «In zweierlei Hinsicht hauptsächlich hätte unser Prophet [...] geirrt: Er hätte die Möglichkeit des Wiedererstarkens im lateinischen Teil Europas unterschätzt und die brachliegenden Kräfte der arabischen Wüste ganz und gar übersehen.»[74] Vom Aufstieg des Islam und der Wiederauferstehung Europas soll hier kurz die Rede sein, insofern sie beide, wenn auch auf ganz verschiedene Weise, mit Maria zu tun haben.

«Gedenke im Buch auch Marjams!» Maria im Islam

Der Islam ist einerseits als Reaktion auf das Vordringen des Christentums im arabischen Raum entstanden. Auch in Mohammeds nächster Verwandtschaft gab es einen Christen, Waraqa ben Naufal, der sogar Evangeliendichtungen verfaßt haben soll. Andererseits war im Jahrzehnt vor Mohammeds Flucht aus Mekka nach Medina (622), mit der die islamische Zeitrechnung beginnt, der gesamte christliche Orient vom Vernichtungskrieg der Perser bedroht. Die Dynastie der Sassaniden hatte den Sonnenkult des Zarathustra zur Staatsreligion erhoben und verfolgte alle Andersgläubigen. Wo die persischen Armeen hinkamen, wurden Kirchen und Klöster zerstört, Mönche und Einsiedler getötet oder verjagt. Im Jahre 611 fiel Syrien;

614 wurde die Grabeskirche in Jerusalem zerstört und das Heilige Kreuz entführt; 615 standen die Perser in der Konzilsstadt Chalkedon am Bosporus; 619 wurde Ägypten besetzt.

Wahrscheinlich hielt Mohammed die Katastrophe des Christentums für ein Gottesgericht. So heißt es im Koran (Sure 5,18): «Juden und Nazarener [Christen] sagen: Allahs Söhne und seine Lieblinge sind wir. Sprich: Warum bestraft er euch dann wegen eurer Missetaten?» Immer wieder wendet sich der Koran an das «Volk des Buches», womit zunächst Juden und Christen gemeint sind, und mahnt sie, zum rechten Weg zurückzukehren, so etwa in Sure 6,89: «Das sind die, denen wir Buch, Weisheit und Prophetie übergaben.» Jesus und die Propheten der Hebräischen Bibel wiesen den richtigen Weg. Aber: «Wenn nun die nicht mehr glauben, betrauen wir ein Volk, das daran glaubt!» Der Gelehrte Claus Schedl stellt die provokative Frage, ob sich Mohammed sogar «als Bringer des neuen, des ‹wahren Christentums› verstand!?[75]»

Wie dem auch sei: Die Auseinandersetzung mit dem «christologischen Dilemma» ist ein Leitmotiv des Koran. Dabei entscheidet sich Mohammed, wie wir gesehen haben, für einen strikten Monotheismus und gegen Konstruktionen wie die «Homousie» und die Dreifaltigkeit. In mancher Hinsicht erinnert sein Jesusbild an die Auffassungen der Judenchristen (Sure 5,75): «Der Messias, Marjams Sohn, ist nur ein Gesandter. Vor ihm gab es schon andere Gesandte, und seine Mutter war eine frommgläubige Frau, und beide nahmen Nahrung zu sich.» Mohammed sieht jedoch die jungfräuliche Empfängnis Jesu als Tatsache an, weshalb Jesus im Koran «Isa ibn Marjam» genannt wird: Jesus, Sohn der Maria. Über Maria heißt es in Worten, die an das Ave Maria erinnern (Sure 3,42): «Damals sprachen die Engel: O Marjam, Allah hat dich erwählt und gereinigt, dich erwählt von allen Frauen der ganzen Welt!» Die Sure 19 heißt sogar «Marjam»; sie ist eine der längsten der 114 Suren des Koran und die einzige, die den Namen einer Frau trägt. Es heißt dort (Sure 19,16 ff.):

«Gedenke im Buch auch Marjams! Als sie sich von ihrer Sippe zurückzog an einen östlichen Ort und die Arbeit auf-

بن آورد علیها السلام بود و از فرزندان مریم بکردن عیسی علیه السلام اشارت

Jesus spricht direkt nach seiner Geburt.
Persische Buchillustration zu «Geschichten
der Propheten» (1565 – 1585). Rechts unten
Maria mit Jesus; links ungläubige Juden;
mit flammendem Heiligenschein Zacharias

nahm an dem von ihnen aufgetragenen Vorhang, da sandten
wir zu ihr unseren Geist, der ihr als wohlgestalter Mann erschien. Sie sprach: *Ich suche beim Erbarmer Zuflucht vor dir! So
wahr du Gott fürchtest!*» Offenbar glaubt Maria, der Engel wolle
sie vergewaltigen; vielleicht spielt Mohammed hier auf Ver-

leumdungen der Maria an, die ihm sicher von der einflußreichen jüdischen Gemeinde in Medina her bekannt waren. Der Engel sagt: «Ich bin doch deines Herrn Gesandter, dir einen reinen Knaben zu schenken. Sie sprach: *Woher soll ein Knabe mir werden, da mich kein Mann berührt und ich keine Dirne bin!* Er sprach: Also spricht dein Herr: Das ist ein Leichtes für mich! Wir machen ihn für die Menschen zum Zeichen, zum Zeichen unseres Erbarmens; es ist ein beschlossenes Wort!»

Die Szene entspricht der Verkündigungsszene bei Lukas. Allerdings fehlt hier Marias *mir geschehe, wie du gesagt hast.* In Sure 66,12 heißt es aber über den Vorgang der Empfängnis: «Sodann Mirjam, die Tochter Imrams, die ihren Schoß verschloß. Wir hauchten unseren Geist hinein. Sie traute dem Wort ihres Herrn und seinen Schriften und gehört daher zu den gehorsamen Dienerinnen.» Es scheint, daß Mohammed seine Kenntnisse über Maria aus apokryphen Legenden wie dem Protevangelium des Jakobus bezog, vielleicht sogar nur aus der mündlichen Überlieferung. In die Verkündigungsszene etwa hat er wie beiläufig die Geschichte von Marias Arbeit am Tempelvorhang eingeflochten. An anderer Stelle (Sure 3,44) bezieht sich Mohammed auf «geheime Offenbarungen» und beschreibt, wie «sie die Losstäbe warfen, wer von ihnen Marjam betreuen sollte» – offensichtlich eine kolportierte Version der Versammlung der Witwer mit ihren Stäben im Tempel, wie sie im Jakobusevangelium beschrieben wird.

Die Geburt Jesu wird im Koran völlig anders erzählt als im Neuen Testament (Sure 19,22): «Und sie empfing und zog sich mit ihm zurück an einen fernen Ort. Da überkamen sie die Wehen am Stamm einer Palme, und sie sprach: *Wär ich doch vorher gestorben, und wär ich vergessen, vergessen!* Da rief er [Jesus?] von unter ihr her zu: Sei doch nicht traurig [...].» Gott läßt eine Quelle fließen, und von einer Palme fallen frische Datteln Maria in den Schoß. Diese Geschichte erinnert an die biblische Erzählung von Sarais ägyptischer Magd Hagar (Gen 16 u. 21,9 ff.). Hagar gebiert Abraham einen Sohn, Ismael, muß aber vor Sarais Eifersucht mit Ismael in die Wüste fliehen, wo sie den Tod erwartet. Gott zeigt ihr einen Brunnen und verspricht ihr, den verstoßenen Ismael zum Stammvater eines großen Volks zu machen – ein Versprechen, das sich im Siegeszug der zum Islam bekehrten Araber, der Nachkommen Ismaels, verwirklicht.

Mohammed legt die bekannten Gerüchte um die illegitime Herkunft Jesu der Familie Marias in den Mund; er läßt das neugeborene Kind selbst antworten, das gleichzeitig die «antifamiliäre Tendenz» der Evangelien ausdrücklich zurückweist und seine Liebe zur Mutter betont (Sure 19,27 ff.): «Da kam sie mit ihm [Jesus] zu ihren Leuten, ihn tragend; sie sagten: O Marjam, du hast Unerhörtes getan! O Schwester Haruns [Aarons], ein schlechter Mann war dein Vater nicht, und deine Mutter war keine Hure. Da deutete sie auf ihn. Sie sagten: Wie sollen wir mit einem sprechen, der noch ein Wiegenkind ist? Er sprach: Ich bin Allahs Diener! Er gab mir das Buch und machte mich zum Propheten. Er machte mich zum Segen, wo immer ich bin. [...] Liebevoll zu meiner Mutter, nicht trotzig und stolz machte er mich. Heil mir am Tage der Geburt und am Tage des Todes, am Tage, da ich lebendig erstehe.»

Im Jahre 628 schickte Mohammed von Medina aus eine Botschaft an alle Herrscher der Erde: Sie sollten den Einen Wahren Gott anerkennen und ihm dienen. Der Brief eines obskuren Beduinenführers aus Arabien wurde, falls er überhaupt ankam, von den meisten Adressaten sicherlich kaum eines Kopfschüttelns gewürdigt. Der Sassanide Kavadh zerriß ihn und schickte Mohammeds Botschafter nach Hause. «Entreiß Du also dem Kavadh sein Königreich, O Herr!» soll Mohammed ausgerufen haben.[76] Und so kam es auch. Innerhalb eines knappen Jahrhunderts eroberten die muslimischen Heere unter den Kalifen nicht nur Arabien, Ägypten und das Heilige Land, sondern ganz Zentralasien bis zu den Grenzen Chinas im Osten, Nordafrika und die iberische Halbinsel im Westen.

Der Islam wurde zu einer Weltreligion – der dritten «Religion des Buches» neben Judentum und Christentum – und beherrschte mehr als 700 Jahre lang den Mittelmeerraum. 1453 fiel die der Theotokos geweihte Stadt Konstantinopel in die Hände der türkischen Ottomanen. Christliche Kaiser hatten dort seit über 1100 Jahren geherrscht. Als dieser marode Rest des Römischen Reichs nun auch formal aufhörte zu existieren, war Vorderasien, die Wiege des Christentums, schon seit Jahrhunderten islamisch.

«O Frau! Du bist die grosse Hilfevolle.» Maria im Mittelalter

Die Bewegungsform der Geschichte ist aber die Paradoxie. Ohne jede weltliche Macht im Rücken verbreiteten von Rom beauftragte Missionare das Christentum und damit die Marienverehrung in ganz Europa. Die Missionierung Irlands durch den heiligen Patrick begann ein Jahr nach Ephesus; während die Heere der Kalifen über Asien und Afrika hinwegfegten, brachten Mönche aus Irland, Schottland und England das Christentum ins heidnische Europa zurück. Angesichts der Herausforderung durch den Islam erwachte ein abendländisches Sendungsbewußtsein: Päpste riefen zu Kreuzzügen gegen die «Ungläubigen» auf; katholische Ritterheere rangen den Nachkommen der Kalifen in jahrhundertelangen Kämpfen die iberische Halbinsel wieder ab. Diese Reconquista wurde 1492 abgeschlossen. Im selben Jahr segelte der Genueser Christoph Columbus mit dem Geld der kastilischen Krone und dem Segen der katholischen Kirche nach Westen, um einen Seeweg nach Indien zu finden, da mit dem Fall von Konstantinopel die Handelswege nach Osten versperrt waren. Mit dieser Fahrt ins Ungewisse beginnt die Moderne. Aber wie Columbus, westwärts segelnd, eigentlich den Osten suchte, waren seine Männer noch Menschen des europäischen Mittelalters; und das Schiff, mit dem der Genueser nichtsahnend die Neue Welt endtdeckte, hieß nach der überragenden religiösen Gestalt dieses Europa die «Santa Maria».

Es ist kaum möglich, die Bedeutung Marias für die Menschen des Mittelalters zu überschätzen. Sie kommt vielleicht am besten in Bildern und Statuen der sogenannten «Schutzmantelmadonna» zum Ausdruck: Könige und Prälaten, Bürger und Bauern, Frauen und Männer drängen sich unter den weiten Mantel Marias, die ihnen Schutz vor den Gefahren des Lebens und dem Zorn Gottes beim Jüngsten Gericht bietet.

Gottesmutter des Erbarmens. Gemälde von Jean Miralhet
(1394–1457). Dourgne, Abbaye d'En Calcat

Tausend Jahre vergingen zwischen der Absetzung des
letzten römischen Kaisers durch den Germanenfürst Odovaker
und dem Bruch des Deutschen Martin Luther mit der römischen Kirche; in diesem Jahrtausend des europäischen Mittel-

Die Madonna in der Kirche.
Gemälde von Jan van Eyck,
um 1425. Berlin, Gemäldegalerie

alters blieben die dogmatischen Grundlagen der Marienverehrung unverändert die von Ephesus und Chalkedon – Maria ist Muttergottes und immerwährende Jungfrau. In der Volksreligion und vielfach auch in der Kirche wurden diese Dogmen durch den Glauben an ihre unbefleckte Empfängnis und ihre Himmelfahrt – ob zu Jerusalem oder Ephesus – ergänzt, wodurch Anfang und Ende ihres irdischen Daseins von der gleichen göttlichen Gloriole umgeben waren wie die ihres Sohnes. Über dem dogmatischen Fundament erhob sich wie ein gotischer Dom das schwindelerregende Bauwerk der Mariologie, an dem die Theologen ähnlich wie die Baumeister der Domhütten unabschließbar weiterarbeiteten. Wahrscheinlich als Werbeschrift für den Weiterbau des Straßburger Münsters erschien 1275 das Gedicht «Die Goldene Schmiede» von Konrad von Würzburg, in dem die tiefsten theologischen Implikationen des Glaubenssatzes von der Gottesmutterschaft ausgelotet werden:

«Die Kreise der Planeten, / der Sonne und des Monds Gestalten, / Wind, Regen, wilde Donner, / Wasser, Feuer, Erd und

Luft, / der Himmel Raum, der Hölle Gruft / und alle Kreatur / mit deiner Hilfeshilfe geschaffen und geordnet sind; / denn du wahrhaftig und dein Sohn, / ihr wart einst ungeschieden: / [...] / Ehe seine heilige Schöpfermacht / den Abgrund hat geschaffen, / sieh, da erwarb er Kunde / anfanglos von dir. / Dein Sein, das ist zu aller Zeit / vor seinem lichten Bild gewesen: / [...] / Da er künftig Wunder kennt, / so hat er immer auch fürwahr gewußt, / daß du hier seine Mutter / werden solltest [...].»[77]

Im Geist Gottes, der – so der erste Satz des ersten Buchs der Bibel – über dem Abgrund der Urflut schwebte (Gen 1,1 f.), lebt also bereits das Bild Marias als seiner zukünftigen Mutter; darum muß Gott «anfanglos», also vor allem Anfang, «Kunde von ihr erworben» haben. «Kunde erwerben» legt Assoziationen mit dem Wort «erkennen» nahe, das in der Bibel die sexuelle Vereinigung umschreibt. Die Doppeldeutigkeit ist gewollt. Gott und Maria waren einst «ungeschieden»: Diese Vision von der Androgynität Gottes am Anfang der Zeit erinnert uns daran, daß im Hebräischen der Geist Gottes – «ruach» – weiblich ist und als Taube erscheint, ein Vogel, der mit Ischtar/Astarte assoziiert wird. Das Androgyne oder Zweigeschlechtliche Gottes kommt auch darin zum Ausdruck, daß Gott den Menschen nach dem ersten Schöpfungsbericht «als Abbild Gottes [...] als Mann und Frau» schuf (Gen 1,27).

Wichtiger noch als theologische und lyrische Spekulation war die psychologische Tatsache, daß die emotionale Bindung der Menschen aller Stände zur Kirche, zur Religion, zu Gott selbst in erster Linie durch die Liebe zur Maria vermittelt war: «Die Religion des Mittelalters, zumal der Männer, wurde großenteils Mariendienst», schreibt Karl von Hase in seinem «Handbuch der Protestantischen Polemik»[78]. Dieser Mariendienst hatte zweifellos einen zivilisierenden, mäßigenden Einfluß auf einen Kontinent, der nach Jahrhunderten der Völkerwanderung und Völkervertreibung, der Stammesfehden und Blutrache, des Niedergangs der Städte, des Handwerks, des Handels und der Bildung langsam wieder aus der Barbarei auftauchte. In einer Zeit erneuter Barbarei schrieb 1936 Margarete Herold in einer katholischen Lehrerinnenzeitung: «Was war [den Germanen] die Frau vor ihrer Bekehrung zum Christentum? Sie war […] Haushälterin, […] Kameradin […] Begleiterin selbst bis in das Gewühl der Schlacht. Sie war die Mutter, die dem Volke wehrhafte Heldensöhne […] schenkte.» Doch diese Söhne opferte sie willig, wenn es die Ehre erforderte: «Kriemhild ist nur eine von all den vielen Frauen, die das große Sterben auf ihre ganze Sippe herabbeschworen haben um der Blutrache willen. […] Unheimlich düster ist es um die große Ahnfrau unseres Geschlechtes […].» Maria, die keine Rache für den Mord an ihrem unschuldigen Sohn verlangt, «ist himmelweit stark über jeder Frau vergangener Heidentage. Von den Schultern der Frau nimmt Maria die Last des Fluches, vernichten zu müssen, hinweg.»[79] Solche Worte waren Widerstand in einer Zeit, die alles Germanische, Heldische, Kämpferische, ja die Vernichtung selbst verherrlichte.

Wie im Mittelmeerraum nahm Maria im Volksglauben der Germanen den Platz der alten Göttinnen ein; hier ist besonders Freyja (Frigg) zu nennen, Gattin des «Allvaters» und Schlachtgottes Odin (Wodan) und Mutter des todgeweihten Licht- und Frühlingsgottes Balder. Von den Römern wurde Freyja als Fruchtbarkeitsgöttin mit ihrer Venus gleichgesetzt; der «dies Veneris», Tag der Venus, im Französischen Vendredi, wurde bei den Germanen zu Freyjas Tag, Freitag. Von der erotischen Ausstrahlung der Venus und ihrer mediterranen Schwestern ist bei Freyja allerdings nichts zu merken. Vielleicht ist auch wegen dieses germanischen Erbes der Katholizismus in Nordeuropa insgesamt spröder, lustfeindlicher, «protestantischer» als in den Mittelmeerländern.

Um die Gottheiten der Germanen ist es wie um ihre Heldengestalten «unheimlich düster»: Balder und seine Eltern werden von Alpträumen und Untergangsahnungen geplagt, die sich auch erfüllen. Mit der Ermordung Balders durch seinen blinden Bruder Hödur verschwinden Glück und Schönheit aus der Welt, rückt die Götterdämmerung näher, bei der auch Odin und Freyja zusammen mit Erde und Weltall ihr Ende finden. Dieser Vision totaler Vernichtung entspricht die Trostlosigkeit des individuellen Schicksals. Die im Krieg gefallenen Helden genießen in voller Rüstung bis zum Ende aller Tage ihr Gelage mit Odin in Walhalla, der Halle der Erwählten; zu dieser Männerrunde haben nur die Walküren als jungfräuliche Bedienung Zutritt. Alle anderen Menschen verdämmern im eisig-dunklen, von der Schwester der Midgardschlange beherrschten Totenreich Hel, aus dem nicht einmal Balder entkommen kann. Gegenüber solchen Vorstellungen wirken selbst die schrecklichsten mittelalterlichen Visionen vom Endgericht mit den Strafen des Fegefeuers und der Hölle geradezu milde, enthalten sie doch die Aussicht auf Gnade und ewiges Leben im Paradies für reuige Sünder – Männer und Frauen – durch den Tod Christi und die Fürsprache seiner Mutter, Sinnbilder des Prinzips Hoffnung.

Im Bewußtsein der mittelalterlichen Menschen war Maria diejenige, die im irdischen Leben wie in der Nachwelt Gnade vor Recht ergehen ließ; «Maria hilft immer», heißt es noch heute im Volksmund, und davon zeugen zahlreiche Erzählungen:

> Nun mache, Herrin, milde seinen Zorn,
> Barmherzige Mutter auserkorn.
> Du Rose ohne jeden Dorn,
> Du sonnenfarben Lichte.
> [...]
> Daß dein Gebet erklinge
> Vorm Urquell der Barmherzigkeit:
> So sind wir voller Hoffnung,
> Es werde klein die Schuld,
> Womit wir schwer beladen.
>
> Walther von der Vogelweide
> (ca. 1170 – 1230)

– Ein spanischer Edelmann verspricht dem Teufel seine Frau, wenn ihn der Satan innerhalb von sieben Jahren reich macht. Als die Zeit abgelaufen ist, bringt der nunmehr reiche Mann seine Frau zum verabredeten Ort. Vorher jedoch geht die Frau in eine Marienkapelle zum Beten. Der Teufel erscheint und holt seine Beute, muß aber in der Hölle feststellen, daß es die Muttergottes ist: Sie hat die Stelle der Frau eingenommen. Maria aber kann der Beelzebub nicht festhalten; er muß sich geschlagen geben.[80]

– Maria vertritt auch die mit einem Geliebten durchgebrannte Pförtnerin eines Klosters, bis die Abtrünnige von den irdischen Freuden genug hat und reuig zu den Schwestern zurückkehrt.[81]

– Eine überstrenge Äbtissin verliebt sich und wird

schwanger. Als ihre Nonnen sie beim Bischof denunzieren, bittet die Verzweifelte die Muttergottes um Hilfe. In der Nacht erscheint Maria mit zwei Engeln und verschwindet mit dem Kind, das sie bei einem Eremiten in Pflege gibt. Am nächsten Tag erscheint der Bischof und läßt die Beschuldigte untersuchen; sie ist nicht nur nicht schwanger, sondern sogar noch Jungfrau. Der Prälat fällt ihr zu Füßen, bittet um Vergebung und will die Denunziantinnen aus dem Kloster jagen, worauf die Äbtissin die wunderbare Geschichte erzählt. Sie bleibt, geläutert, in ihrem Amt; ihr Sohn wird später Nachfolger des Bischofs.[82]

In mittelalterlichen Darstellungen des Jüngsten Gerichts sieht man oft, wie Maria heimlich auf die Waagschale drückt, um zu verhindern, daß die Last der Sünden auf der anderen Seite die arme Seele – «gewogen und zu leicht befunden» (Dan 5,27) – herabzieht in ewige Verdammnis. Noch den Seelen, die in der

Glut des Fegefeuers leiden müssen, bis «die Verbrechen [ihrer] Zeitlichkeit hinweggeläutert sind»[83], spendet sie lindernde Milch aus ihren Brüsten.

Maria, so schreibt Karl von Hase zutreffend, ist «Göttin der Entsagung und der Liebe zugleich»[84]. Die entsagende Liebe zu Maria ermöglichte denn auch die wichtigste männliche Sublimierungsleistung des Mittelalters: Sie führte zur Her-

Maria hilft beim Jüngsten Gericht, indem sie auf die Seelenwaage drückt. Skulptur aus Alabaster, 15. Jahrhundert. Paris, Louvre

ausbildung des Ideals romantischer Liebe, die bis heute – wie beschädigt auch immer – Leitbild unserer Sexualmoral ist. Im Marienlob verfeinerte sich die Empfindungs- und Ausdrucksweise gerade der Kriegerkaste der Ritter; von dort aus verbreitete sich die neue Empfindsamkeit für die Schönheit und den «Adel» der Frau auch in bürgerlichen Schichten. Meister Sigeher etwa, der im 13. Jahrhundert als Bürgerlicher am Kreuzzug gegen die Ostpreußen teilnahm, besingt Maria mit den folgenden Worten: «Du Süße über aller Süße, [...] du Zedernbaum, du Balsamduft, du herrlich Lilienfeld, [...] du Ölbaumzweig, du Muskatnuß, [...] du Sonnenglanz, du Liebesblitz, [...] du Saitenklang, [...] du Himmelslied, [...] du Wonnentanz, du strahlende Aurora, [...] du Rosenkranz, du Freudenstätte, [...] du Friedensort, du Freudental, du flimmernde, blühende Heide, [...] du Anker fest, du Segelwind, du heller Stern Diane, du große Kraft, du Kind der Seligkeit, [...] du rauschend Wolkenguß, du Myrrhenträufeln, du wundervoller Bisam, du Honigfluß, du Sternenstraße, du freudeschwangrer Same!»[85]

Gewiß barg und birgt die Liebe zur himmlischen Jungfrau und Mutter immer die Möglichkeit der Verachtung der irdischen Frau in sich; die Tendenz einer Aufspaltung des männlichen Frauenbilds – und auch des Selbstbilds der Frau – in die unvereinbaren Gegenpole von Heiliger und Hure. Das Altarbild der göttlichen Maria, so könnte man argumentieren, ruft das teuflische Gegenstück hervor, das Schreckbild der Hexe. Zum männlichen Mutterkult, der die Sexualität der eigenen Mutter in Analogie zur Gottesmutter verdrängt, gesellt sich ein hysterischer Kult der Jungfräulichkeit, der ein intaktes Hymen mit weiblicher Ehre gleichsetzt und die als verlockend und bedrohlich empfundene weibliche Sexualität verteufelt.

Allerdings sollte man die Rolle der Marienverehrung bei der Herausbildung und Stützung einer solchen neurotischen Sexualmoral nicht überbewerten. Die Psychoanalyse hat ähnliche Obsessionen gerade im jüdisch-bürgerlichen, aufgeklärt-agnostischen Milieu beschrieben. Freudianer erklären sie mit dem Ur-Wunsch des Sohns in der Familiendriade, den Vater von jedem Sexualkontakt mit der Mutter auszuschließen.

Feministinnen sehen in der Verdrängung und Verteufelung weiblicher Sexualität einen Ausdruck patriarchalischer Gesellschaftsverhältnisse. Jedenfalls ist männliche Frauenverachtung und Angst vor Frauen keineswegs an die Marienverehrung gebunden, sondern mindestens ebenso stark auch im Judentum und im Islam wie auch im Protestantismus vorhanden. Die katholische Theologin Ute Ranke-Heinemann meint, der Vatikan sei «eine entsexualisierte Homosexuellen-Gesellschaft», die in der Frau «die Superobergefährdung [sic] ihres Daseins» erblicke und darum «diesen sexualfeindlichen, heidnischen Zopf», die «Religion der Jungfrau», vertrete.[86] Es wäre aber umgekehrt denkbar, in der Projektion bestimmter Idealvorstellungen auf eine himmlische Gestalt eine moralische Entlastung für irdische Frauen zu erblicken, von denen ja nicht erwartet werden kann, der Idealgestalt zu gleichen. Ein Vertreter der «Theologie der Befreiung» unserer Tage schreibt etwa über Frauen in Lateinamerika: «Selbst wenn arme Frauen [...] in die Prostitution gezwungen werden, erhält die alle beschützende Jungfrau-Mutter sie jungfräulich rein.»[87] Ein schöner und typisch katholischer Gedanke! Protestanten haben Katholiken denn auch selten den Vorwurf eines zu strengen Lebenswandels gemacht. Auch der Hexenwahn ist übrigens kein spezifisch katholischer Auswuchs: Während es in den 200 Jahren vor der Reformation in England keinen einzigen Hexenprozeß gab, waren es nach der Reformation unter Königin Elisabeth 535 Prozesse, mit 83 Hinrichtungen; im gleichen Zeitraum wurden im kalvinistischen Schottland 8000 Frauen als Hexen verbrannt.[88] Berüchtigt ist auch der Ausbruch einer epidemischen Hexenhysterie unter den Puritanern Neu-Englands.

Maria war nie einfach eine «Venus ohne Unterleib», wie es eine allzu platte pseudofeministische Kritik behauptet.[89] Gerade in der mittelalterlichen Marienverehrung konnte sich Sublimes und Sinnliches vermischen, wie etwa ein Gedicht des ersten Meistersängers Heinrich von Meißen (1270–1318) belegt, der sich den Künstlernamen «Frauenlob» gab; er läßt Maria ihr Verhältnis zu Gott in erotischen Bildern beschreiben:

Maria mit dem Kind und einem Engel.
Gemälde von Hans Baldung, gen. Grien, um 1535.
Berlin, Gemäldegalerie

«Nun merkt, was mein Geliebter wollte! / Er wartete, / bis ich Braune / von der Milde der Alraune / vom süßen Duft einschlief / auf unsrer Türschwelle, reiche Liebesbeute. / Während ich schlief, / gegen die Natur / bezwang er mich. [...]

Der Schmied vom Himmel / warf seinen Hammer in meinen Schoß / und wirkte sieben Sakramente. / Ihn trug ich, der den Himmel und die Erde trägt / und bin doch Jungfrau. / [...] / Gewiß, / ich schlief mit Dreien. / Davon wurde ich schwanger, angefüllt mit Güte, Süße drang mir da in Süße. / Mein alter Geliebter küßte mich, / [...] / ich sah ihn an, er wurde jung, darüber freuten sich / die Himmelsscharen. / (Wie laut singe ich das Lob sittsam-stolzer Jungfrauen! / Und hoffe, daß es niemandem mißfällt.) / Meine kleinen Brüste seien süßer als der Wein, sagt er. / Darin verbarg er sich ganz. / Wie gut er mich kannte, / der so fest sich in mich einschloß!»

Die Natur wird zum religiös-erotischen Gleichnis:

«Er Blume wollte aus mir Blume entspringen, / und das war, da sich die Blumen zeigen. / Blume hieß der Ort, wo er Blume von mir Blume abfiel zur Blumenzeit, / und mit ihm Blume wurde ich blumengeschmückt. / Er Strahl, ich Glanz, wir strahlen und glänzen / im März, im Mai, im Frühling. / Die Sommerfarben, die den Blick erfreuen, / damit schmückt sich mein Geliebter. / Er will, daß ich sein Herbst sei und hat in mich gepreßt / die Trauben, in die sich mein Vater selbst bückte. / So wurde mein Sohn mir Bruder und Schwager zugleich. / Den Winter des Fluches / vertrieben wir. / Aus meinen Blumen ist viel Trost geflossen. / Sünder, verbirg dich darunter!»[90]

Das Vorbild solcher Dichtung, in der das Heilige und das Sexuelle einander die Stichworte geben und bestätigen, fanden christliche Theologen in der Bibel: im Hohenlied, einem Dialog zwischen zwei Liebenden. In der jüdischen Tradition bildet dieses dem König Salomo zugeschriebene «Lied der Lieder» die Festrolle für das Paschafest. Möglicherweise entstammt es dem Kult der Ischtar/Astarte und besingt die «heilige Hochzeit» zwischen der Göttin und ihrem Heros. Die Christen des Mittelalters aber bezogen Verse wie die folgenden auf Maria (Hl 1,5 f. und 3,1 ff.):

«Braun bin ich, doch schön / ihr Töchter Jerusalems [...]. / Die Sonne hat mich verbrannt. [...] / Des Nachts auf meinem Lager suchte ich ihn, / den meine Seele liebt. / Ich suchte ihn und fand ihn nicht. / Aufstehen will ich, die Stadt durchstreifen, / die Gassen und Plätze, / ihn suchen [...]. / Ich packte ihn, ließ ihn nicht mehr los, / bis ich ihn ins Haus meiner Mutter brachte, / in die Kammer derer, die mich geboren hat. / Bei den Gazellen und Hirschen der Flur / beschwöre ich euch, Jerusalems Töchter: / Stört die Liebe nicht […].»

Der Geliebte – in der mittelalterlich-christlichen Deutung also Gott selbst – spricht (Hl 6,4 ff., 7,1 ff. und 8,5 ff.):

«Schön […] bist du, meine Freundin, / lieblich wie Jerusalem, / prächtig wie Himmelsbilder. / Wende deine Augen von mir, denn sie verwirren mich. […] / Wer ist, die da erscheint wie das Morgenrot, / wie der Mond so schön, / strahlend rein wie die Sonne […]? / Wende dich, wende dich, Schulammit! / Wende dich, wende dich, damit wir dich betrachten! […] / Deiner Hüften Rund ist wie Geschmeide, / gefertigt von Künstlerhand. / Dein Schoß ist ein rundes Becken, / Würzwein mangele ihm nicht. / Dein Leib ist ein Weizenhügel, / mit Lilien umstellt. / Deine Brüste sind wie zwei Kitzlein, / wie die Zwillinge einer Gazelle. […] / Wie schön bist du und wie reizend, / du Liebe voller Wonnen! / Wie eine Palme ist dein Wuchs; / deine Brüste sind wie Trauben. / Ich sage: Ersteigen will ich die Palme; / ich greife nach den Rispen. […] / Unter dem Apfelbaum hab' ich dich geweckt, / dort, wo deine Mutter dich empfing […]. / Leg mich wie ein Siegel auf dein Herz […]! / Stark wie der Tod ist die Liebe […].»

Die Interpretation des Hohenlieds als Vorwegnahme des Marienlobs gab den Künstlern des Mittelalters und der Renaissance die biblische Gewähr dafür, Maria als schöne und reizende Frau darzustellen, wenn sie auch meistens die Beschreibung der Geliebten als von der Sonne braungebrannt geflissentlich übersahen. (Es gibt aber auch, vor allem in der Ostkirche, eine Tradition «Schwarzer Madonnen», die möglicherweise den gleichen asiatischen Ursprung hat wie die Beschreibung der Geliebten im Hohenlied als dunkel und schön: Wir erinnern uns, daß auch die Artemis von Ephesus schwarz war.) Verse wie «einzig ist meine Taube, die Makellose, / die Einzige ihrer Mutter […]» (Hl. 6,9) aus dem Hohenlied bestätigten, was sich der theologischen Vernunft notwendig aufdrängte: Die Frau, die Gott selbst als Gebärerin erwählte, mußte vollkommen sein, also auch von erlesener, einmaliger Schönheit.

Und da Jesus nur von ihr «Fleisch annahm», ist Marias menschliches Gesicht «dem Angesicht Christi am ähnlichsten», wie es in Dantes «Göttlicher Komödie» heißt.[91] Wer Christus sehen will, werde erst durch die «Klarheit» dieses Gesichts dazu befähigt, erklärt der heilige Bernhard von Clairvaux dem Dichter. Mit einem Gebet an die Jungfrau im letzten Gesang der «Komödie» findet die Marienverehrung des Mittelalters ihren reinsten Ausdruck:

Jungfrau und Mutter! Tochter deines Sohnes!
Voll Demut und voll Würde wie kein Wesen
Nach vorbestimmtem Rat des ewigen Thrones.

Du machtest unsre Menschheit so erlesen
Und edel, daß der Schöpfer selbst geruhte
Geschöpf zu werden, dessen du genesen.

Die Liebe ward entfacht in deinem Blute
Damit von ihrem Brand in ewiger Wonne
Solch eine wunderbare Rose glute!

Du bist für uns die mittagliche Sonne
Der Himmelslust; dort auf der Erdenscholle
Gleichst du der Hoffnung stets lebendigem Bronne.

O Frau! Du bist die große Hilfevolle.
Wer Gnade sucht und nicht zu dir sich wendet
Ist wie wer ohne Schwingen fliegen wolle.

DER STURZ DER HIMMELSKÖNIGIN

Im Jahre 1517 schlug Martin Luther seine 95 Thesen gegen den Mißbrauch des Ablasses durch Kirche und Papst an die Tür der Schloßkirche zu Wittenberg. Die Berechtigung seiner Kritik an einer allzu weltlich gewordenen Kirche wird inzwischen auch von katholischer Seite selten bestritten; zu einer «Reformation» war Rom aber weder bereit noch fähig, und so kam es zur Kirchenspaltung. Innerhalb der protestantischen Welt aber trieb die Eigendialektik der einmal entfesselten Kritik die Reform immer weiter hin zur geistigen Revolution; im Zuge dieser Revolution wurde die Himmelskönigin von ihrem Thron gestürzt.

Luther selbst war seit früher Jugend ein Verehrer der Maria und ihrer Mutter Anna, die in seiner Mansfelder Heimat Patronin der Bergleute war. Als er im Sommer 1505 von einem Gewitter überrascht wurde, das er als Zorn Gottes deutete, rief Luther: «Heilige Anna, hilf, ich will Mönch werden!»[92] Er trat denn auch dem besonders marienfrommen Augustinerorden bei. «Ich hab' mein Herz an sie gewöhnt und gehängt»[93], sagte Luther einmal über sein Verhältnis zu Maria. Auch nach seinem Austritt aus dem Kloster und dem Bruch mit dem Papst hielt Luther – wie auch seine Mit-reformatoren Philipp Melanchthon, Ulrich Zwingli und Johannes Calvin – an

Ein «lutherischer Narr» verbrennt ein Marienbild. Illustration aus Thomas Murner, «Von den großen lutherischen Narren», Straßburg 1522

den seit Ephesus und Chalkedon gültigen Mariendogmen fest. Maria bleibt bis heute für evangelische Christen Theotokos und Aeiparthenos, Gottesgebärerin und immerwährende Jungfrau. Luther verteidigte auch – entgegen seinem eigenen Prinzip «sola scriptura» – die Legende von der Geburt Jesu ohne Verletzung der Jungfräulichkeit Marias aus dem Protevangelium des Jakobus[94]; es finden sich sogar bei ihm Aussagen, die an das erst 300 Jahre später verkündete katholische Dogma von der Unbefleckten Empfängnis Marias erinnern: «Darumb war es not, das seine mutter were eine Jungfraw [...], Eine heilige Jungfraw, die, von der Erbsünde erlöset und gereiniget, durch den heiligen Geist nicht mehr denn einen Son, einen Jhesum, trüge.»⁹⁵

Mit solchen Bekenntnissen blickte Luther noch zurück zur Tradition des Mittelalters. Entscheidend für die Entwicklung der protestantischen Revolution war jedoch sein von Augustinus und dem Konzept der Erbsünde beeinflußter radikaler Grundsatz der Rechtfertigung: Kein Mensch könne aus sich heraus – durch «Werke» – vor Gott gerecht werden. «Sola fide», allein durch den Glauben, wird der sündige Mensch gerettet; und der Glaube ist eine Gnade Gottes. Alle Heiligen, Maria eingeschlossen, sind Menschen, und darum wie der letzte Sünder abhängig von dieser Gnade: «Es ist besser, wenn Maria zuviel Abbruch getan wird, als der Gnade Gottes, ja man kann ihr nicht zuviel Abbruch tun, da sie doch aus nichts geschaffen ist wie alle Kreaturen», schreibt Luther 1521. «Es bedarf auch wirklich eines Maßes, daß man es mit dem Namen nicht zu weit treibe und sie nicht eine Himmelskönigin nennt.» Kurz scheint er zu schwanken: «Wohl ist das wahr; aber sie ist darum doch keine Abgöttin [...]. Sie gibt nichts, sondern empfängt allein.»⁹⁶

Wenn Maria aber nichts geben, wenn sie nicht helfen kann, so ist ihrer Verehrung die materielle Grundlage entzogen; Luthers zorniges Wort von 1522, er wolle den «Mariendienst [...] ausgerottet» wissen ⁹⁷, hat sich im protestantischen Europa bald erfüllt.

Der große Humanist Erasmus von Rotterdam wies auf die

Martin Luther über Maria

Denn wir wissen alle miteinander und ich bin so wol darinnen gesteckt als alle ander, das wir Mariam schlecht an Christus stat und ampt zu halten gelert waren. Hielten Christum für unsern zornigen Richter und Maria für unsern gnaden stuel, dahin all unser trost und zuflucht stund, so wir anders nicht verzweifeln wollten. War das nicht eine greuliche newigkeit?
(Auf dem Reichstag zu Augsburg, 1530)

Es wäre billig gewest, daß man ihr einen goldenen Wagen bestellt hätte und sie mit viertausend Pferden geleitet und vor den Wagen her drommetet und geschrien hätte: Hier fahret die Frau aller Weiber alles menschlichen Geschlechtes. Es sollten billig alle Berge gehüpft und getanzt haben.
(Predigt, 1532)

Gefahren hin, die mit einer solchen «Ausrottung» verbunden waren, und zwar in Form eines Briefs der Jungfrau Maria an einen Reformator: «Maria, die Mutter Jesu, dem Glaucoplutus Heil! Daß du dem Luther folgend eifrig verkündest, es sei überflüssig, die Heiligen anzurufen, dafür bin ich dir sehr dankbar. Denn vorher brachten mich die gottlosen Anforderungen der Sterblichen fast ums Leben. Von mir allein fordern sie alles, als wäre mein Sohn immer noch ein Kind [...] und traute sich nicht, mir etwas abzuschlagen aus Angst, ich könnte ihm

Zeittafel 3: Die Reformation

1483	Geburt Martin Luthers.
1512–17	5. Laterankonzil: keine Einigung über Reform der Kirche.
1517	Luthers 95 Thesen gegen den Ablaßhandel.
1518	Beginn der Reformation in der Schweiz durch Zwingli.
1519	Bruch Luthers mit Rom; Karl V. Deutscher Kaiser.
1521	Luther verweigert auf dem Reichstag zu Worms den Widerruf; Luthers Bibelübersetzung.
1522–23	Ritterkrieg, vor allem gegen geistliche Fürstentümer.
1523	Beginn der Reformation in Skandinavien.
1524–25	Deutscher Bauernkrieg gegen Fürsten und Adel.
1529	Belagerung Wiens durch die Türken.
1532	Nürnberger Religionsfriede: Protestanten erhalten Religionsfreiheit, leisten dafür Hilfe gegen die Türken.
1534	Heinrich VIII. von England bricht mit Rom.
1534/35	Wiedertäufer in Münster fordern Rückkehr zur Gütergemeinschaft der Urchristen.
1540	Jesuitenorden vom Papst bestätigt. Beginn der Gegenreformation.
1541	Reformation in Genf durch Calvin. Prädestinationslehre: Wirtschaftlicher Erfolg ist Zeichen der Gnadenwahl.
1546	Tod Luthers. Beginn des Schmalkaldischen Kriegs zwischen Protestanten und Katholiken.
1555	Augsburger Religionsfriede: Cuius regio, eius religio (Der Landesherr bestimmt die Landesreligion).

dafür die Brust entziehen. [...] Doch [...] je mehr Muße, desto weniger Ehre, desto weniger Einkünfte. Früher wurde ich gegrüßt: Königin des Himmels, Herrin des Weltalls! Jetzt vernehme ich kaum ein Ave Maria! [...] Und das ließe sich ertragen; doch es heißt, daß noch Größeres im Werke sei. Denn du willst, wie sie sagen, alles, was es von den Heiligen gibt, aus der Kirche werfen. Bedenke wohl, was du unternimmst! Den verschiedenen Heiligen fehlt es nicht an Macht, das Unrecht zu rächen. [...] Mich aber, obwohl ich wehrlos bin, wirst du nicht hinauswerfen, ohne daß du zugleich meinen Sohn mit hinauswirfst, den ich in den Armen halte. Von diesem lasse ich mich nicht losreißen: Entweder du wirst ihn mit mir austreiben oder uns beide lassen, es sei denn, du möchtest eine Kirche haben ohne Christus.»[98]

Es war in der Tat noch Größeres im Werk. 1522 organisierten radikale Protestanten in Wittenberg den ersten Bildersturm, zum Ärger Luthers übrigens, in dessen Arbeitszimmer stets ein Marienbild hing. In den folgenden Jahrzehnten wurden in allen protestantischen Ländern Reliquien und Altarbilder aus den Kirchen herausgeschleppt und verbrannt, Heiligen- und Marienstatuen als Götzenbildern der Kopf abgeschlagen, goldene Kronen und Juwelenschmuck von frommen Landesherren konfisziert. Die bunten Glasfenster der Kirchen und Dome, die als leuchtende Bilderbücher dem leseunkundigen Kirchenvolk Bibelgeschichten und fromme Legenden erzählt und die Kirchen mit vielfarbigem Dämmerlicht erfüllt hatten, wurden herausgeschlagen; das Innere der weißgetünchten, kahlen Gotteshäuser war nun von reinem, kaltem Tageslicht erfüllt – ein Sinnbild für die Entzauberung der Welt, die mit der Reformation begann und bis heute fortdauert.

«Alle festen, eingerosteten Verhältnisse mit ihrem Gefolge von altehrwürdigen Vorstellungen und Anschauungen werden aufgelöst, alle neugebildeten veralten, ehe sie verknöchern können. Alles Ständische und Stehende verdampft, alles Heilige wird entweiht, und die Menschen sind endlich gezwungen, ihre Lebensstellung, ihre gegenseitigen Beziehungen mit nüchternen Augen anzusehen.» So beschrieben Karl Marx und Friedrich Engels im «Kommunistischen Manifest»[99] 300 Jahre nach Luther den Prozeß, den die Reformation in Gang gesetzt hat. Nicht zufällig werden hier die Theoretiker des Kommunismus zitiert; denn die protestantische Ethik und der Geist des Kapitalismus hängen miteinander zusammen,

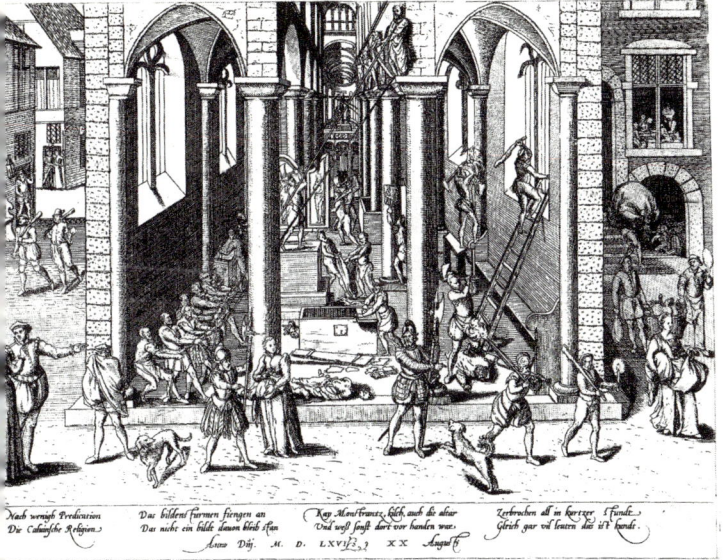

Bildersturm in Antwerpen. Stich von
Franz Hogenberg, 1588. Genf, Universitätsbibliothek

wie Max Weber in einer klassischen Studie zur Soziologie der
Religion gezeigt hat [100]: «[Es ist] Tatsache: daß die Protestanten
[...] sowohl als herrschende wie als beherrschte Schicht, sowohl als Majorität wie als Minorität eine spezifische Neigung
zum ökonomischen Rationalismus gezeigt haben, welche bei
den Katholiken weder in der einen noch in der anderen Lage in
gleicher Weise zu beobachten ist.» [101] Dieser ökonomische
Rationalismus – die Anerkennung der Profitvermehrung als
Selbstzweck und Lebensaufgabe – ist ja keineswegs eine
schlechthin «rationale» Lebensführung; die «innerweltliche
Askese», die Weber als Voraussetzung für die Herausbildung
der frühkapitalistischen Unternehmerpersönlichkeit und des
fleißigen Arbeiters ansieht, verlangt vor allem die Unterdrük-
kung alles Sinnlichen, Weltverbundenen, Weichen, Weiblichen. So betritt der Puritaner die Bühne der Geschichte.

Der ökonomische Rationalismus ist allerdings nur ein
Aspekt des großen Rationalisierungsprojekts der Moderne, an

dessen Anfang der Sturz der Himmelskönigin steht, ihr Hinauswurf aus der Kirche, wie Erasmus sagt. Wir haben kaum Zeugnisse für das kollektive europäische Trauma, das mit diesem Sturz einhergegangen sein muß; die meiste Literatur dieser Zeit des Umbruchs und der Religionskriege ist ja parteilich. Und doch nimmt gerade in jenem Werk des größten Dichters der Epoche, das uns am dunkelsten erscheint, dieses Trauma schattenhaft Gestalt an: in William Shakespeares «Hamlet».

Hamlet kehrt, in puritanisch-strenges Schwarz gekleidet, mit dem protestantischen Hang zur Introspektion ausgestattet, aus der Lutherstadt Wittenberg zurück in ein «Dänemark», das noch ganz katholisch fühlt und denkt; der König trägt den Namen eines römischen Herrschers, die Königin trägt – in Hamlets Augen – Züge der «Mutter der Huren» aus der Offenbarung (Offb 17,5). Frühe Christen hatten in dieser «Hure Babylon», der Gegenfigur zur leuchtenden Frau der Apokalypse, das moralisch verkommene römische Kaisertum mit seinem Kybele-Kult erkannt; radikale Protestanten sahen in ihr das römische Papsttum mit seinen effeminierten Priestern und seinem Marienkult.

Hamlet ist ein wahrer Sohn der entzauberten Zeit: Die Erde erscheint ihm wie ein «kahles Vorgebirge», der Himmel wie «ein fauler verpesteter Haufe von Dünsten», der Mensch ist eine «Quintessenz von Staub»[102], sein eigener Körper ist ihm eine «Maschine»[103]; seine frühere «Munterkeit» und «Lust» sind dahin[104]; und dieser puritanische Weltverdruß äußert sich vor allem als Frauenekel: «Schwachheit, dein Nam' ist Weib!»[105] Wird dieser Horror auch durch die Sexualität der Mutter hervorgerufen, so überträgt Hamlet ihn bald auf die von ihm einstmals als «himmlische» Jungfrau und «Abgott meiner Seele» verehrte Ophelia[106], deren Name beziehungsreich «Hilfe» bedeutet; der lautverwandte Name Aphelia bedeutet «Unschuld». Hamlet unterstreicht die im Namen gezogene Parallele zur Maria, indem er in einem Gespräch mit Ophelias Vater auf die Jungfrauenzeugung anspielt: «Denn wenn die Sonne Maden in einem toten Hund ausbrütet: eine

Ophelia. Gemälde von John Everett Millais, 1851/52.
London, Tate Gallery

Gottheit, die Aas küßt – habt ihr eine Tochter? [...] Laßt sie
nicht in der Sonne gehen: [...] da eure Tochter empfangen
könnte.»[107]

Wäre Hamlet imstande, das Bild der «Hure Babylon» und
die Gestalt der Jungfrau auseinanderzuhalten, er wäre vielleicht zu retten; aber genau das will ihm nicht gelingen. Hamlet erscheint in Ophelias Kammer, wo sie, ähnlich Maria bei
der Ankunft des Engels, mit einer Stickerei beschäftigt ist: «Als
wäre er aus der Hölle losgelassen [...]. Betrachtet' [...] prüfend
mein Gesicht, / Als wollt' er's zeichnen. Lange stand er so; / [...]
/ Und dreimal hin und her den Kopf so wägend, / Holt' er solch
einen bangen tiefen Seufzer, / Als sollt' er seinen ganzen Bau
zertrümmern / Und endigen sein Dasein. Dies getan, / Läßt er
mich gehn; und über seine Schultern / Den Kopf zurückge-
dreht, schien er den Weg / Zu finden ohne seine Augen; denn /
Er ging zur Tür hinaus ohn' ihre Hilfe / Und wandte bis zuletzt
ihr Licht auf mich.»[108]

Die Zurückgewiesene wird Opfer Hamlets; sie verliert den Verstand und stürzt sich in einen Bach, wo sie, Marienlieder singend [109], den Tod findet. Die Beerdigung ihrer «schönen, unbefleckten Hülle» [110] ist zugleich Auftakt des letzten Akts, in dem sich die Tragödie Hamlets und Dänemarks in einem allgemeinen gegenseitigen Morden vollendet.

DIE WIEDERKEHR DER VERDRÄNGTEN

Im selben Jahr 1517, als Luther seine Thesen in Wittenberg anschlug, landeten die ersten spanischen Eroberer an der Küste Yucatans. Sie wurden in die Flucht geschlagen; ihr schwer verwundeter Anführer lebte aber lange genug, um von dem sagenhaften Reichtum des Landes zu erzählen. Zwei Jahre danach stach Hernando Cortés mit etwa 500 Soldaten in See, und innerhalb kürzester Zeit fiel das Reich der Azteken in die Hand der Conquistadoren. Die Folgen der kolonialen Unterwerfung für die Indios waren entsetzlich: «Gewalt, Raub und Tod kennzeichneten die Geburt Lateinamerikas», schreibt der Theologe Virgil Elizondo. [111] Man darf andererseits nicht vergessen, daß die Azteken nicht zuletzt deshalb ihr Reich verloren, weil die unterworfenen Stämme wegen der unaufhörlich steigenden Zahl der Menschenopfer verbittert waren, die von ihnen als Tribut gefordert wurden und auf den Pyramiden der Hauptstadt Tenochtitlan hingeschlachtet wurden. Am gefräßigsten war der gefiederte Schlangengott Quetzalcoatl, der seine Rückkehr als weißer Mensch aus dem Osten für das Jahr 1519 angekündigt hatte. Wegen dieser Prophezeiung versuchten die Azteken fieberhaft, die Götter mit den bei lebendigem Leib herausgerissenen Herzen ihrer Opfer gnädig zu stimmen, und besiegelten dadurch ihr Schicksal.

Wenn auch die Spanier die Zivilisation der Azteken ehrlich bewunderten, mußte ihnen die aztekische Götterwelt wie ein Teufelspantheon erscheinen: So war Tlaltecuhtli, «Herr der Erde», eine monströse Mischung aus Kröte und Alligator; seine Gattin Coatlicue, Mutter des Sonnengotts Huitzilopochtli und zugleich Göttin der Erde und des Todes, trug einen Rock aus sich windenden Schlangen und hatte oft einen Schlangenkopf oder die leeren Augen eines grinsenden Totenschädels. Viele Gottheiten beherrschten das tägliche Leben der Azteken; sie wurden nicht so sehr geliebt als gefürchtet. Das Konzept einer individuellen Seele war den Azteken fremd; sie waren nichts, ihr Stamm war alles; und sein Wohlergehen hing davon ab, die Götter mit Blut zu besänftigen.

Trotzdem, und obwohl die bald eintreffenden Franziskaner fromme und wohlmeinende Männer waren, die in den Indios Gotteskinder sahen und sogar bereit waren, ihr Leben hinzugeben, um ihre Schutzbefohlenen gegen die Willkür der neuen Herren des Landes zu verteidigen, machte die Missionierung in den ersten Jahren kaum Fortschritte. Das Christentum war nun einmal die Religion der Weißen, die das Land an sich rissen und ausplünderten, die Indios zu Sklavenarbeit mißbrauchten und ihre Frauen vergewaltigten. Und die alten Götter könnten sich noch rächen.

Die Christianisierung des Kontinents beginnt erst mit einem Ereignis, das die Züge eines Märchens trägt: Am 9. Dezember 1531 ist der getaufte Nahua-Indio Juan Diego auf dem Weg zur Messe, als er vom Hügel Tepeyac her Musik wie von vielen Vogelstimmen hört. Er geht dem Vogelchor nach und sieht im Morgendunst zunächst ein blendendes Licht, das in allen Farben des Regenbogens leuchtet, dann eine wunderschöne Dame, die ihn mit den Worten *Juanito, mein kleinster Sohn* anspricht und sich als Maria zu erkennen gibt. Ihr Wunsch sei es, daß ihr zu Ehren auf dem Tepeyac ein «Teocalli», ein Heiligtum, gebaut werde: *Denn ich bin eure mitleidsvolle Mutter, die deine und aller Menschen [...]. Hier will ich ihr Weinen und ihre Sorgen anhören, um ihre Leiden, ihre Nöte, ihre Schmerzen zu heilen.* [112] Das soll Juan Diego dem Bischof von Mexico City mitteilen.

Der Bischof aber verlangt ein Zeichen des Himmels, um die Echtheit der Erscheinung zu bezeugen. Juan Diego versucht, dem unmöglichen Auftrag auszuweichen; unerwartet aber tritt ihm die Dame entgegen, und als er sich stammelnd zu entschuldigen versucht, sagt sie: *Bin ich denn nicht hier, deine Mutter? Bist du denn nicht in meinem Schatten, unter meinem*

Schutz? Bin ich nicht der Brunnen deiner Freude? Bist du nicht in den Falten meines Mantels, in der Beuge meiner Arme? Brauchst du noch mehr als das? [113] Früh am nächsten Morgen ist das Zeichen da: Auf dem gefrorenen Boden des Hügels Tepeyac, wo sonst nur Disteln und Kakteen wachsen, blühen bunte Blumen aller Art, darunter sogar kastilische Rosen. Juan Diego sammelt sie in seiner «Tilma», dem Umhang, den alle Bauern Mexikos tragen. Als er die Blumen vor dem Bischof auf die Erde fallen läßt, erscheint auf der Tilma das Bild einer Frau, die Juan Diego als die Dame wiedererkennt, die auf dem Tepeyac mit ihm gesprochen hat.

Das Bild ist noch heute zu sehen. Es zeigt die Frau der Apokalypse, auf der Mondsichel stehend und «mit der Sonne bekleidet». Die junge Frau hat die Züge einer Mestizin; sie wird deshalb in ganz Lateinamerika zärtlich «la Morenita» genannt: die kleine Braune. Wie ein Porträt von solcher Feinheit auf dem aus groben Agave-Fasern gewobenen Stoff der Tilma entstehen konnte, bleibt ungeklärt, ebenso wie die Tatsache, daß dieser Stoff, der nicht länger als zwanzig Jahre hält, auch nach einem halben Jahrtausend nicht zerfallen ist. Ob darin Zeichen eines Wunders zu sehen sind, wie Gläubige behaupten, mag dahingestellt sein. Zweifellos aber sind von dem Bild erstaunliche Wirkungen ausgegangen. Mit seiner Aufstellung in dem neu erbauten Gotteshaus auf dem Tepeyac begann eine Bekehrungswelle, die innerhalb weniger Jahre neun Millionen Indios erfaßte und bis heute immer weitere Kreise zieht.

Entscheidend war sicherlich, daß die Jungfrau die Züge einer mexikanischen Frau trug und einen einfachen Indio zu ihrem Boten ausgewählt hatte; auch in den Augen des fremden Gottes waren diese Unterdrückten also gleichberechtigte Kinder. Gleichzeitig hob der neue Gott seine Fremdheit auf. Denn auf dem Tepeyac hatte ein Heiligtum der Göttin Tonantzin gestanden, deren Name «Unsere Mutter» bedeutet und die vermutlich mit der Gottesmutter Coatlicue identisch war. So wiederholte sich in der Neuen Welt, was sich tausend Jahre zuvor in der Alten ereignet hatte: Die neue Religion sprach in den Bildern der alten. An der Jungfrau von Guadalupe erkannten die

Das «Gnaden-
bild Unserer
Lieben Frau von
Guadalupe»,
Mexiko

Indios, daß die Gottesmutter größer war als der Sonnengott,
denn sie stand vor ihm; zugleich war sie selbst einem größeren, unsichtbaren Gott untertan, denn sie faltete die Hände
zum Gebet; und sie hatte den Schlangengott Quetzalcoatl besiegt, denn sein Symbol, der Mond, lag ihr zu Füßen. Deshalb
nannte Juan Diego die Dame vermutlich «Tequantlaxopeuh»:
Die uns vor dem Verschlinger rettet. Daraus machten die spanischen Geistlichen «Guadalupe»; ein naheliegendes Mißver-
ständnis, denn im spanischen Guadalupe wurde seit Jahrhunderten ein Gnadenbild der Maria verehrt. Columbus hatte dort

um ihren Beistand gebetet, bevor er 1492 zu seiner großen Reise aufgebrochen war.

Das «Gnadenbild Unserer Lieben Frau von Guadalupe» wurde zum Banner des mexikanischen Unabhängigkeitskriegs; «La Morenita» wurde zur Schutzpatronin von Revolutionen und Reformbewegungen überall in Lateinamerika. Wegen dieses Ursprungs hat der lateinamerikanische Katholizismus ein erheblich stärkeres marianisches Gepräge als der europäische. Es verwundert nicht, daß die lateinamerikanische «Befreiungstheologie» ihr soziales Programm unmittelbar aus dem Magnificat ableitet. Ihr prominentester Vertreter, Leonardo Boff, glaubt sogar an eine «hypostatische Union» Marias mit dem Heiligen Geist.[114] Der Begriff Hypostasie wird in der christlichen Theologie sonst nur für die Vereinigung

Die heilige Dreifaltigkeit. Fresko in der Kirche von Urschalling im Chiemgau (um 1380). Der Heilige Geist ist hier als madonnenhafte Frau dargestellt.

von Göttlichem und Menschlichem in der Person Jesu Christi gebraucht; Boff verkündet also die Teilnahme Marias an der Dreifaltigkeit, wie es tausend Jahre vor Juan Diegos Vision die Montanisten und Kollyridianer bekannten. Unsere Frau von Guadalupe, Schutzherrin der Indios, wurde zur «Mutter Mexikos», wie der Dichter Octavio Paz sagt [115], ja zur Mutter ganz Lateinamerikas. Der Hügel von Tepeyac, wo Juan Diego an einem stillen Wintermorgen vor einem halben Jahrtausend den Gesang eines Vogelchors hörte, ist heute ein lärmender Vorort von Mexico City und der bedeutendste Wallfahrtsort der Erde: Jährlich pilgern zwanzig Millionen Menschen zur Basilika von Guadalupe, in dem die Tilma des Nahua-Indios aufbewahrt wird.

Bei der Beurteilung solcher Marienerscheinungen wird es immer eine unüberbrückbare Kluft zwischen dem Glaubenden und dem Nichtglaubenden geben. Wo der Gläubige ein Wunder sieht, vermutet der Skeptiker schlimmstenfalls Täuschung, bestenfalls Selbsttäuschung. Diese Skepsis wird übrigens von den Amtsträgern der katholischen Kirche geteilt: Von den Tausenden Marienerscheinungen, die seit der Entstehung des Christentums berichtet wurden, sind nur ein Bruchteil – ganze zehn, um genau zu sein – von der Kirche als echt, das heißt als Einbruch des Göttlichen in die materielle Welt, anerkannt worden, darunter die Erscheinungen von Tepeyac (1531), Lourdes (1858) und Fatima (1917). Selbst diese kleine Zahl wird dem Rationalisten natürlich zu viel sein; aber in diesen Fällen wird auch der Ungläubige kaum umhin können, die psychische Wirklichkeit der Erscheinungen für die Visionäre selbst anzuerkennen und einen Täuschungswillen auszuschließen.

Das gilt im besonderen Maße für die vierzehnjährige Bernadette Soubirous, der in einer Grotte bei Lourdes zwischen Februar und Juli 1858 insgesamt achtzehnmal etwas erschien, das die Tochter eines verkrachten und verarmten Müllers in ihrem pyrenäischen Dialekt zunächst nur als «aquero» – «das da» – beschrieb, später als «die Dame». Erst bei der 16. Begegnung antwortete die Dame auf die Frage nach ihrem Namen: *Ich bin die Unbefleckte Empfängnis.* Mit dieser Auskunft

Lourdes: Gläubige vor der Statue der Immaculata in der Grotte von Massabielle. Das Bildnis wurde 1864 von dem Bildhauer Fabisch geschaffen.

konnte die etwas einfältige und keineswegs fromme Bernadette ziemlich wenig anfangen; die anfänglich skeptische Kirche verstand sie aber als Bestätigung ihres vier Jahre zuvor verkündeten Dogmas von der Unbefleckten Empfängnis. In der Grotte von Massabielle war bei der neunten Begegnung eine Quelle entstanden, deren Wasser immer wieder aufsehenerregende Heilungen bewirkt hat; Lourdes wurde bald zu einem der bekanntesten Wallfahrtsorte der Welt.

Kaum weniger berühmt ist Fatima in Portugal. Der Name des Dorfs erinnert an eine «maurische» Prinzessin aus dem 12. Jahrhundert, die einen christlichen Ritter liebte. Sie wiederum hatte ihren Namen von der Lieblingstochter Mohammeds, die in Teilen der islamischen Welt große Verehrung genießt. Zwischen Mai und November 1917 erschien eine schöne Frau der zehnjährigen Lucia dos Santos, ihrem neunjährigen Vetter und seiner siebenjährigen Schwester insgesamt sechsmal und gab sich den schreib- und leseunkundigen Bauernkindern, die bei der ersten Begegnung ihre Schafe hüteten, als Maria zu erkennen. Bei der letzten Begegnung waren über 50 000 Menschen zugegen, die zwar die Jungfrau nicht sahen, dafür aber ein «Sonnenwunder», bei dem sich die Sonne wie ein Feuerrad gedreht und alle Farben des Regenbogens angenommen haben soll.

Auch außerhalb der katholischen Welt sind die «Geheimnisse von Fatima» ein Begriff. Es handelt sich um Prophezeiungen der Dame vom 13. Juli 1917: *Der Krieg geht zu Ende. Wenn sie aber nicht aufhören, den Herrn zu beleidigen, wird unter dem Pontifikat Pius' XI. ein anderer, schlimmerer Krieg beginnen. [...] Wenn man auf meine Bitte hört, wird Rußland sich bekehren, und man wird Frieden haben. Sonst wird es seine Irrtümer in der Welt verbreiten und Kriege und Verfolgungen der Kirche entfachen. [...] Am Ende wird mein unbeflecktes Herz triumphieren. Der Heilige Vater wird mir Rußland weihen.*[116] Das sind freilich «Geheimnisse», wie sie im Schicksalsjahr 1917 – nach dem Kriegseintritt Amerikas und dem Beginn der Revolution in Rußland – auch an Stammtischen und in bäuerlichen Küchen zu hören waren und von Kindern aufgeschnappt werden könnten; so wird man nicht allzu gespannt sein müssen auf das berüchtigte «dritte Geheimnis», das Lucia erst 1943 niederschrieb und das bis heute unveröffentlicht in den Archiven des Vatikans lagert.

Wichtiger war die Aufforderung der Dame an die Gläubigen zur Sühne für die Sünden der Welt, zum Gebet für die Sünder und zur *Weihe an mein unbeflecktes Herz.* Auf diesen Grundsätzen beruht eine von Fatima inspirierte Massenbewegung, zu deren Erfolgen der Bau einer großen Basilika in Fatima selbst und die «Wallfahrt» einer Statue der Jungfrau von Fatima um die ganze Erde gehören. Am 8. Dezember 1942, in den finstersten Tagen des Zweiten Weltkriegs, weihte Papst Pius XII. gemäß dem Wunsch der Dame die ganze Menschheit dem Unbefleckten Herzen Marias. Durch einen merkwürdigen Zufall war das auch der Tag, an dem Amerika in den Zweiten Weltkrieg eintrat und damit das Schicksal der Achsenmächte besiegelte.

Auch in Deutschland hat es zahlreiche Marienerscheinungen gegeben, wenn auch keine von der Kirche anerkannt worden sind. Einen großen Bekanntheitsgrad erlangte Marpingen im Saarland, wo auf dem Höhepunkt der als «Kirchenkampf» bekannten Unterdrückungsmaßnahmen des preußischen Staates gegen die katholische Kirche 1876 die Jungfrau Maria drei achtjährigen Mädchen erschien. Am Ort der Erscheinungen wurde auch eine Quelle entdeckt, deren Wasser allerlei Beschwerden und Krankheiten heilen soll. Weniger bekannt als Marpingen, das sich zeitweise Hoffnungen machte, ein «deutsches Lourdes» zu werden, sind die Marienerscheinungen zu Heede im Emsland in den Jahren 1937 bis 1940.[117] Weil sie weitgehend unbekannt geblieben sind, aber auch weil sie trotz der scheinbaren Ausnahmesituation der nationalsozialistischen Diktatur in gewisser Weise typisch sind für Marienerscheinungen in der Moderne, sollen sie hier etwas ausführlicher behandelt werden.

Am 1. November 1937 sahen vier Mädchen im Alter von elf bis dreizehn Jahren auf dem Friedhof der Dorfkirche zwischen zwei Zypressen eine gekrönte und strahlende Mariengestalt, die auf einer lichten blauweißen Wolke schwebte, das Jesuskind auf dem linken Arm trug und in der rechten Hand einen goldenen Reichsapfel hielt. Diese Vision wiederholte sich an insgesamt 105 Tagen bis zum 3. November 1940 und zog bald viele Gläubige an. An manchen Abenden versammelten sich bis zu 5000 Menschen auf dem kleinen Friedhof, sangen Marienlieder, beteten den Rosenkranz und warteten mit den Mädchen auf ein Zeichen oder eine Botschaft der Gottesmutter.

Wie in Marpingen gab ein «Kirchenkampf» den Hintergrund für die Erscheinungen ab und verlieh ihnen gleichzeitig ihre Brisanz. Durch ein Konkordat mit Hitler (1933) und Ergebenheitsadressen hoher Würdenträger hatte die katholische Kirche gehofft, sich einen Freiraum im totalitären Staat erhalten zu können. Bald aber forcierten die Nationalsozialisten die «Entkonfessionalisierung des öffentlichen Lebens»; katholische Zeitungen und Verbände wurden aufgelöst oder gleichgeschaltet und religiöse Feste zu Volksfesten umfunktioniert; so war aus dem Erntedankfest der «Ehrentag des deutschen Bauern» geworden. Im Herbst 1936 wurde die Entfernung der Kruzifixe aus allen deutschen Schulen verfügt. Gerade in katholischen Gegenden gab es hiergegen heftige Proteste, so auch in der Gegend von Heede; im nahe gelegenen Osnabrück war der Widerstand so stark, daß sich das Abhängen der Schulkreuze als undurchführbar erwies, und in einigen Orten des Emslands veranstalteten empörte Eltern eine Unterschriftenaktion und hängten die Kreuze eigenmächtig wieder in die Klassenzimmer. Trotzdem gingen die antikirchlichen Maßnahmen des Regimes weiter. Katholische Priester wurden als Homosexuelle und Devisenschieber vor Gericht gestellt, der Religionsunterricht wurde schrittweise durch Rassenkunde ersetzt, und 1937 startete die NSDAP eine Kampagne gegen die Konfessionsschulen und für die Gemeinschaftsschule als Voraussetzung wahrer «Volksgemeinschaft». Im März 1937 wurde die Enzyklika Pius' XI., «Mit brennender Sorge», auf geheimen Wegen nach Deutschland gebracht und am Palmsonntag von jeder katholischen Kanzel verlesen. Darin rief der Papst die deutschen Katholiken auf, an ihrem Glauben festzuhalten und sich dem «Götzenkult von Rasse und Volk, Staat und Staatsform» zu widersetzen. Hitler begriff die Enzyklika als Kampfansage und verfügte die Beschlagnahmung aller Abschriften und die Verschärfung des Kirchenkampfs.[118]

Offener Widerstand, wie im «Kreuzkampf», blieb eine Ausnahme. Katholischer Unwille gegen das Regime äußerte sich hauptsächlich in einem von der Gestapo sorgfältig registrierten Ansteigen der Kirchenbesucher und der Teilnehmer an Wallfahrten und Exerzitien. Von der nächtlichen «Bußfahrt der katholischen Männer und Jungmänner nach dem Gnadenbild der Gottesmutter in Köln-Kalk» heißt es in einem Bericht der Staatspolizei Köln vom 27. März 1934, es sei «aufschlußreich, daß sich die katholische Bevölkerung Kölns [...] an den kirchlichen Feiern und Veranstaltungen in derart großer Zahl beteiligt, wie man es kaum in den Vorjahren jemals erleben konnte». Der Marienwallfahrt, an der nach Presseangaben 38 000 Männer teilnahmen, komme «zweifellos der Charakter einer politischen Demonstration zu»[119].

Wenn auf dem Friedhof zu Heede Tausende auf eine Botschaft der Gottesmutter warteten, so war das auch eine Demonstration; die Botschaft aber lag in der Erscheinung selbst: Die mit den Insignien der Macht – Krone und Reichsapfel – ausgestattete Madonna stellte die Totalität der nationalsozialistischen Herrschaft explizit in Frage. Ob das den Visionären bewußt war oder nicht, den Nazis war es durchaus klar: In Heede «macht man nach modernem mittelalterlichen System [sic] Opposition gegen den Staat», hieß es im Oldenburger Organ des NS-Lehrerbundes. «Parteigenossen! Erkennt die Staatsfeinde, die heute unter dem Deckmantel des ‹Glaubens› das Werk des Führers unterwühlen!»[120] Auf einer Kreisabschnittstagung des Lehrerbundes ließ der Amtsleiter einen Parteigenossen unter der Fragestellung «Was sagt der nordische Mensch dazu?» über «Zauberwahn und Naturgesetze» referieren: Der Gott der Juden, so der Referent, könne auf Wunder nicht verzichten. Der Nationalsozialist aber glaube «an einen Gott, der sich an die von ihm selbst gegebenen Naturgesetze gebunden fühle». Es gab am Schluß großen Beifall und keine Fragen. Aus privaten Gesprächen aber wurde deutlich, daß die Lehrerschaft im Emsland von der Echtheit der Marienerscheinungen ebenso überzeugt war wie die übrige Bevölkrung.[121]

Die Glatzer Madonna: Thronende Maria mit Kind. Böhmisch, um 1350. Berlin, Gemäldegalerie

Am 14. November 1937 wurde das Dorf von Gestapo- und Schutzpolizeibeamten abgeriegelt. Der Friedhof wurde gewaltsam geräumt. Es kam zu tumultartigen Auseinandersetzungen, bei denen es den etwa 15 000 zum Teil von weither angereisten Gläubigen an einigen Stellen gelang, die Absperrungen zu durchbrechen. Die Polizei mußte Warnschüsse abgeben, um die Menge in Schach zu halten; mehrere Menschen wurden in «Schutzhaft» genommen. Bereits am frühen Morgen waren die Häuser der Mädchen von einer Abteilung der SS-Verfügungstruppe «Hermann Göring» umstellt worden; sie wurden abgeholt und in die psychopathologische Abteilung der Universitätsklinik Göttingen und von dort in die Göttinger Landesheil- und Pflegeanstalt gebracht, wo sie fünf Wochen lang verwahrt wurden. Göttingen war ausgesucht worden, weil die Stadt überwiegend protestantisch war, so daß weder in der Bevölkerung noch unter dem ärztlichen Personal mit Sympathie für Mädchen zu rechnen war, denen die Jungfrau Maria erschienen war. Das war nach dem fachärztlichen Gutachten des Anstaltsleiters Prof. Dr. Gottfried Ewald schlicht «unfromme Lügenhaftigkeit».[122]

In Göttingen lehrte übrigens Emanuel Hirsch systematische Theologie. Hirsch, der die evangelischen Theologen zum «Dienst an der nationalsozialistischen Weltanschauung» aufgerufen hatte[123], erklärte 1939 in seiner Aufsatzsammlung «Das Wesen des Christentums», die Lehren Jesu seien «zweifellos völlig unjüdischer Art», was wiederum auf die nichtjüdische Abstammung Jesu zurückzuführen sei. Der Theologe bemühte die jüdischen Geschichten um Jesus als Sohn des Panthera, um zu belegen, daß Jesus väterlicherseits griechischer – also arischer – Herkunft sein müsse. Er hätte es sich einfacher machen können. Sein Kollege Wilhelm Stapel etwa hatte bereits 1933 in der Zeitschrift «Christenkreuz und Hakenkreuz» – Monatsblatt der regimetreuen evangelischen «Deutschen Christen» – argumentiert: «Ich will gar nicht auf die Biologie zurückgreifen und mich darauf berufen, daß die Parthenogenese (Jungfrauengeburt) immerhin in der Strukturmöglichkeit des Organischen liegt […], sondern ich will das

Mysterium (Geheimnis) auf sich beruhen lassen: Es ist ein Wunder. Ist Jesus der Sohn des lebendigen Gottes, so ist er nicht der Sohn eines jüdischen Vaters und jüdischer Art [...].»[124] Als Ärgernis für Hirsch und Stapel sowie andere prominente evangelische Theologen wie Gerhard Kittel, Paul Althaus und Werner Elert, die den Ausschluß aller «artfremden» Mitglieder aus ihrer Kirche forderten, blieb und bleibt aber Maria; denn wer auch immer sein Vater gewesen sein mag – Jesus war Sohn dieser jüdischen Mutter, was nach dem jüdischen Gesetz alleiniger Garant seines Jüdischseins war; und er wurde von ihr im jüdischen Glauben erzogen, was im nationalsozialistischen Deutschland auch einem «Halbjuden» KZ und Tod gebracht hätte.

Ein Ärgernis blieben auch die Kinder aus Heede. Alle Versuche der Göttinger Anstaltsleitung, sie zum Widerruf zu bewegen, schlugen fehl, ebenso wie der Versuch, ihnen mangelnde Intelligenz oder «erbbiologische Vorbelastungen und religiöse Veranlagungen»[125] nachzuweisen. Nach fünf Wochen wurden sie entlassen, und als sie nach Hause zurückkehrten, setzten die Erscheinungen wieder ein. Noch im August 1943 beschäftigte der Fall das Reichssicherheitshauptamt in Berlin, das von einem Eingreifen der Gestapo abriet, weil «eine solche Maßnahme vermutlich den gewünschten Erfolg nicht haben, im Gegenteil vielleicht sogar die [...] Bevölkerung zu noch regerem Besuch veranlassen würde [...]»[126]. Das Regime mußte sich geschlagen geben.

«Maria ist die Prophetin unserer Zeit.»

Lourdes, Fatima, Marpingen und Heede sind nur vier Beispiele von vielen Marienerscheinungen, die sich seit etwa Mitte des 19. Jahrhunderts häufen und in den letzten Jahrzehnten eine Tendenz zur Globalisierung aufweisen. Die Visionäre sind oft Kinder oder Pubertierende, meistens Mädchen. Sie stammen in der Regel aus einfachen Verhältnissen, aus einem sozialen Umfeld, das als konservativ oder sogar rückschrittlich gilt und sich durch soziale oder politische Entwicklungen bedroht fühlt –

Prozession zu Tschenstochau zum tausendjährigen
Jubiläum der Christianisierung Polens. Zu dieser
Gelegenheit konnte man die Schwarze Madonna
im Freien sehen. Normalerweise wird sie nicht mehr
dem Sonnenlicht ausgesetzt, um das Kunstwerk
zu schützen.

durch eben jenen revolutionären Prozeß der Auflösung, der Ent-
weihung und Ernüchterung, den Marx und Engels beschrieben
und der – das sei nicht vergessen – auch diese Verkünder einer
rein wissenschaftlichen Weltanschauung zu apokalyptischen
Untergangsvisionen und Träumen eines neuen Jerusalem trieb.
Solange dieser Prozeß weitergeht, steht zu vermuten, wird es
Marienerscheinungen geben. So erscheint die «Gospa» (Gottesmutter) seit 1981 einer Gruppe von Visionären in Medjugorje, einem kroatischen Dorf in Bosnien-Herzegowina. Auch
die Kommunisten wußten gegen solche Zeichen der Zeit keinen anderen Rat als Geheimpolizei, Psychiatrie und Justiz, und
auch sie sind gescheitert. Bis heute haben über 20 Millionen Pil-
ger den Berg Podbrodo bei Medjugorje besucht, wo die halb-

wüchsige Marija Pavlovic – zehn Jahre vor Ausbruch der Bal-
kankriege – eine tränenüberströmte Madonna vor einem grau-
schimmernden Kreuz gesehen haben will, die folgende Botschaft übermittelte: *Friede, Friede, Friede, nur Friede. Versöhnt
euch!* [127] Der in der Nähe von Heede aufgewachsene Franziska-
nerpater Dietrich von Stockhausen, der heute Wallfahrer in
Medjugorje betreut, drückt den Gedanken des Zusammen-
hangs zwischen Maria und der Moderne aus, wenn er sagt:
«Lourdes hatte vor 100 Jahren seine Bedeutung, Fatima hatte
zu Beginn dieses Jahrhunderts seine Bedeutung, und Medjugorje jetzt. Und doch ist es an sich nichts Neues, weil eigentlich
immer dasselbe passiert. Es gibt vielleicht verschiedene
Schwerpunkte in den Botschaften. Aber ich denke, die Mutter
Gottes, Maria, ist die Prophetin unserer Zeit.» [128]

Die Widersprüchlichkeit dieser Zeit, die – wie Hamlet aus
der Kammer der Ophelia – mit rückwärtsgewandtem Gesicht
ins Ungewisse stürzt, macht auch die Widersprüchlichkeit der
Gestalt Marias in der Moderne aus. Das 20. Jahrhundert liest

Te tamari no Atua (Die Geburt Christi).
Gemälde von Paul Gauguin, 1896. München, Neue Pinakothek

139

man nicht richtig als Jahrhundert eines Kampfs der Moderne gegen die Reaktion; dieses schrecklichste Jahrhundert der Menschheitsgeschichte war vielmehr Ergebnis des Kampfs verschiedener Möglichkeiten der Moderne gegeneinander. Es war auch das Jahrhundert der Marienerscheinungen; und diese Erscheinungen werden sich zweifellos im 21. Jahrhundert fortsetzen. Ophelia kann Hamlet buchstäblich und im übertragenen Sinne nicht folgen; Maria macht den Gang der Moderne nicht mit.

Ist die Marienverehrung also einfach reaktionär? Ich habe Beispiele zitiert, wo Erscheinungen und Botschaften der Maria Menschen Kraft gegeben haben, die vermutlich unserer Sympathie sicher sein können. Maria ist Millionen ein Beistand gewesen, die unter kolonialer und kapitalistischer Ausbeutung, nationalsozialistischer oder kommunistischer Unterdrückung litten, und sie bleibt es überall dort, wo Menschen Angst vor der Gegenwart und der Zukunft haben. Sie wurde und wird auch oft von Reaktionären und Obskurantisten, Geschäftemachern und falschen Propheten mißbraucht. Wer diese schillernde Gestalt aber zu instrumentalisieren sucht – und auch, wer ihr mit einseitiger und platter Kritik beikommen will –, wird an der Vielfalt ihrer möglichen Bedeutungen scheitern. Im 17. Jahrhundert schrieb der schlesische Mystiker Johann Scheffler (Angelus Silesius): «Maria wird genennt ein Thron und Gotts Gezelt, / ein Arche, Burg, Turn, Haus, ein Brunn, Baum, Gartenspiegel, / ein Meer, ein Stern, der Mon, die Morgenröt, ein Hügel: / Wie kann sie alles sein? Sie ist ein andre Welt.»[129]

Dieser Gedanke steht letztlich hinter dem 1854 von Pius IX. verkündeten Dogma von der Unbefleckten Empfängnis und dem 1950 von Pius XII. verkündeten Dogma von der Assumptio. Die Aussagen dieser Dogmen, die nur uralte Glaubensinhalte kodifizieren, wurden vom II. Vatikanischen Konzil (1962 bis 1965) mit den Worten zusammengefaßt: «Schließlich wurde

Mariä Himmelfahrt. Gemälde von Tizian, 1516/18.
S. Maria Gloriosa dei Frari

die unbefleckte Jungfrau, von jedem Makel der Erbsünde unversehrt bewahrt, nach Vollendung ihres irdischen Lebenslaufs mit Leib und Seele in die himmlische Herrlichkeit aufgenommen und als Königin des Alls vom Herrn erhöht, um vollkommener ihrem Sohn gleichgestaltet zu sein, dem Herrn der Herren und dem Sieger über Sünde und Tod.»[130] Von dem Glaubenden wird wohl etwas von jenem «Credo quia absurdum» – «Ich glaube gerade deswegen, weil es widersinnig ist» – verlangt, das dem Kirchenvater Tertullian zugeschrieben wird, der ein knappes Jahrhundert nach Marias Tod geboren wurde. Wer nicht glaubt, wird in der Erhöhung der «Magd des Herrn» zur «Königin des Alls» zumindest eine poetische Wahrheit erblicken.

> Im Licht Marias erblickt die Kirche auf dem Antlitz der Frau den Glanz einer Schönheit, die die höchsten Gefühle widerspiegelt, deren das menschliche Herz fähig ist: die vorbehaltlose Hingabe der Liebe; eine Kraft, die größte Schmerzen zu ertragen vermag, grenzenlose Treue und unermüdlicher Einsatz, die Fähigkeit, tiefe Einsichten mit Worten des Trostes und der Ermutigung zu verbinden.
>
> Papst Johannes Paul II.: Enzyklika «Redemptoris Mater» (1987)

Shakespeares Hamlet ahnte: «Es gibt mehr Dinge im Himmel und in der Erde / Als unsre Philosophie sich träumt».[131] Zweihundert Jahre nach Hamlet will Goethes Faust erkennen, «was die Welt / Im Innersten zusammenhält».[132] Das Bühnen-Ende des Faustschen Projekts der Moderne ist bekannt. Der blinde Mann, der die Arbeiter zu hören meint, die nach seinen großen Plänen die Welt umgestalten, hört in Wirklichkeit nur die Lemuren, die sein enges Grab schaufeln. Seine Seele hat er dem Teufel vermacht, das ist der Preis seiner Erkenntnis; von einem Himmel will der stolze Mann nichts wissen: «Tor, wer dorthin die Augen blinzelnd richtet, / Sich über Wolken seinesgleichen dichtet!»[133] Und doch ist es eine Himmlische, die «Mater gloriosa» Maria, die Fausts verlorene Seele rettet. Wie der «Doctor Marianus» erklärt:

«Dir, der Unberührbaren,
Ist es nicht benommen,
Daß die leicht Verführbaren
Traulich zu dir kommen. [...]
Blicket auf zum Retterblick,
Alle reuig Zarten,
Euch zu seligem Geschick
Dankend umzuarten!
Werde jeder bessre Sinn
Dir zum Dienst erbötig!
Jungfrau, Mutter, Königin,
Göttin, bleibe gnädig!«

Der «Chorus Mysticus» beschließt das Drama:

«Alles Vergängliche
Ist nur ein Gleichnis;
Das Unzulängliche,
Hier wird's Ereignis;
Das Unbeschreibliche,
Hier ist's getan;
Das Ewigweibliche
Zieht uns hinan.» [134]

Anmerkungen

Zur Zitierweise biblischer Stellen
Die Bibel wird hier in der auch sonst üblichen Kurzform zitiert. So bedeutet etwa Mt 4,15: Das Evangelium nach Matthäus, Kapitel 4, Vers 15; 2 Sam 11,1 ff. bedeutet: Das zweite Buch Samuel, Kapitel 11, Vers 1 und folgende. Jede gute Bibelausgabe enthält eine Liste der gebräuchlichen Abkürzungen der biblischen Bücher.

Zur Kursivierung von Selbst-zeugnissen der Maria
Selbstzeugnisse werden, wie in Rowohlts Monographien üblich, auch hier kursiv gesetzt, wobei als Selbstzeugnisse der Maria jene Aussprüche gelten sollen, die von Glaubenden als solche akzeptiert werden: die überlieferten Worte Marias aus den vier kanonischen Evangelien und aus dem Jakobus-Evangelium; aus dem Koran; und – bei allem Vorbehalt – von bedeutenden Marienerscheinungen. Wo Maria aber in rein literarischen Zeugnissen in der ersten Person spricht, werden ihre Worte nicht als Selbstzeugnisse gewertet.

Titel, die in der Auswahlbibliographie aufgeführt werden, erscheinen hier in einer Kurzform.
Folgende Abkürzungen werden verwendet:
NT = Neues Testament
WA = Martin Luther: Kritische Gesamtausgabe [Weimarer Ausgabe]. Weimar 1883 ff.

1 Einheitsübersetzung, Anmerkung zu Mt 1,18. Das übliche Hochzeitsalter wird dort mit 13 – 14 Jahren angegeben, Maria war jedoch erst verlobt.
2 Brown, Maria im NT, S. 83 f.
3 Ebd.
4 Zur Diskussion siehe Brown, Maria im NT, S. 60 ff. und Lüdemann, Jungfrauengeburt, S. 58 ff.
5 Zu den Talmud-Legenden und dem Toldoth Jeschu siehe Samuel Krauss: Das Leben Jesu nach jüdischen Quellen. Berlin 1902, Nachdruck Hildesheim 1977
6 Ebd. S. 276
7 Brief an Lavater, zitiert ebd. S. 237
8 Lüdemann, Jungfrauengeburt, S. 80 f.
9 Hitlers Tischgespräche, aufgezeichnet von Henry Picker. München 1968, S. 38 (13. 12. 1941)
10 Des Flavius Josephus Jüdische Altertümer, übersetzt von Heinrich Clementz, Bd. 1 (Buch I bis X). Halle 1899, S. 667 (XX,9). Zu Jakobus siehe Martin Hengel, Jakobus der Herrenbruder – der erste «Papst»? In: Festschrift für W. G. Kümmel. Tübingen 1975, S. 71 – 104
11 Zum Nasiräergelübde vgl. Num 6,1 – 21
12 Josephus, Altertümer, S. 667
13 Ben-Chorin, Mutter Mirjam, S. 119
14 Emil Bock: Das dreifache Mariengeheimnis. Stuttgart 1977, S. 15
15 Vgl. Hengel, Jakobus, S. 102, Fußnote
16 Rudolf Pesch: Das Markusevangelium, 1. Teil. Freiburg 1976, S. 322 f.
17 Joseph Ratzinger: Einführung in das Christentum. München 1968, S. 225
18 Ebd.
19 Den Begriff verdanke ich Achim Stump vom Informationsdienst der Alt-Katholiken in Deutschland
20 Zitiert in Joachim Gnilka: Das Matthäusevangelium, 1. Teil. Freiburg 1986, S. 25
21 Ben-Chorin, Mutter Mirjam, S. 103 f.
22 David Flusser: Jesus. Reinbek 1968, S. 22 (Eine überarbeitete Neuauflage dieser Monographie liegt inzwischen vor.)
23 Ben-Chorin, Mutter Mirjam, S. 99
24 Flusser, Jesus, S. 22 ff.

25 Die folgenden Angaben über Entstehungszeit und Verfasser der Evangelien nach den Erläuterungen zur Einheitsübersetzung

26 Eusebius: Kirchengeschichte, erwähnt in Flusser, Jesus, S. 23 f.

27 Zitiert nach Hengel, Jakobus, S. 79

28 Ebd. S. 82

29 Zum Komplex des «verlorenen Evangeliums» vgl. Shlomo Pines: The Jewish Christians of the Early Centuries of Christianity According to a New Source. In: Proceedings of the Israel Academy of Science and Humanities, Vol. II, No. 13, S. 1-51, insbes. S. 11–21

30 Flusser, Jesus, S. 56

31 Vgl. Hengel, Jakobus, S. 74 und Flusser, Jesus, S. 117–122

32 z. B. Ben-Chorin, Mutter Mirjam, S. 113

33 Angaben zu Jerusalem nach eigener Anschauung und Jerry M. Landay: Dome of the Rock. New York 1972; Schalom Ben-Chorin: Ich lebe in Jerusalem. Gerlingen 1979; Paul Badde: Jerusalem, Jerusalem. Berlin 1997

34 Vgl. Lothar Heiser: Maria in der Christus-Verkündigung des orthodoxen Kirchenjahres. Trier 1981, S. 281 ff.

35 Zu Ephesus und dem Kult der Artemis vgl. Edith Specht: Kulttradition einer weiblichen Gottheit: Beispiel Ephesos. In: Hedwig Röckelein et al. (Hg.). Maria – Abbild oder Vorbild? Tübingen 1990, S. 37–47; Sir James George Frazer: Der Goldene Zweig. Das Geheimnis von Glauben und Sitten der Völker. Reinbek 1991 (Hinweise auf den ganzen Text verstreut); Otto Holzapfel: Lexikon der abendländischen Mythologie. Freiburg 1993 (entsprechende Stichworte)

36 Die Vorgänge in Ephesus 431 werden in allen einschlägigen Werken zum Thema beschrieben; vgl. etwa Specht, Ephesus

37 Dieter Hildebrandt: Saulus / Paulus. Ein Doppelleben. München 1989, S. 361 u. 365

38 Zitiert nach Delius, Marienverehrung, S. 110, leicht redigiert

39 Zitiert nach Karl von Hase: Handbuch der Protestantischen Polemik gegen die Römisch Katholische Kirche. Leipzig 1894, S. 380

40 Zitiert nach Stephen Benko: The Virgin Goddess. Studies in the Christian and Pagan Roots of Mariology. Leiden 1993, S. 80

41 Zitiert nach Benko, Virgin Goddess, S. 208

42 Diesen Gedankengang – wie zahlreiche Einzelhinweise – verdanke ich Frazers Studie über Magie und Religion: Der Goldene Zweig, op. cit.

43 Ernst Bloch: Das Prinzip Hoffnung, 3. Band. Frankfurt a. M. 1974, S. 1482

44 Zur Diskussion um die Historizität der Kindheitsgeschichte des Lukas vgl. etwa Brown, Maria im NT, S. 94 ff.

45 Heinz Zahrnt: Jesus aus Nazareth. Ein Leben. München 1989

46 Irenäus: Epideixis, zitiert nach Pelikan, Maria, S. 51, leicht redigiert

47 Delius, Marienverehrung, S. 26

48 Zitiert nach Wilhelm Schneemelcher (Hg.): Neutestamentliche Apokryphen in deutscher Übersetzung. 1. Band: Evangelien. Tübingen 1990, S. 338 ff.

49 Zitiert in Benko, Virgin Goddess, S. 193

50 Zitiert nach Schedl, Muhammad und Jesus, S. 544

51 Für die Darstellung der sozialökonomischen und moralischen Krise der Antike stütze ich mich vor allem auf Peter Brown: Die Keuschheit der Engel. Sexuelle Entsagung, Askese und Körperlichkeit am Anfang des Christentums. Aus dem Englischen von Martin Pfeiffer. München 1991; sowie Rodney Stark: Der Aufstieg des Christen-

52 tums. Neue Erkenntnisse aus soziologischer Sicht. Aus dem Amerikanischen von Wolfgang F. Müller. Weinheim 1997.

52 Friedrich Engels: Anti-Dühring, zitiert nach Samezo Kuruma (Hg.): Marx-Lexikon zur politischen Ökonomie, Bd. 3. Berlin 1973, S. 336

53 Pseudo-Athanasius, zitiert in Brown, Engel, S. 39; meine Übersetzung

54 Eusebius von Emesa, zitiert ebd.; meine Übersetzung

55 Zahlen nach Stark, Aufstieg, S. 12

56 Zitiert nach Bruno Bleckmann: Konstantin der Große. Reinbek 1996, S. 106

57 Pelikan, Maria, S. 56

58 So die Definition des Gnosiskongresses von Messina 1966 nach: «Wörterbuch des Christentums», hg. von Volker Drehsen u. a., München 1995, Stichwort «Gnosis». Die Darstellung der Lehre des Gnostizismus folgt im wesentlichen dieser Quelle.

59 Durch Adolf von Harnack, 1924; vgl. dazu Nathan Peter Levinson: Vom Alten zum Ersten Testament. In: Die Literarische Welt, 29. Mai 1999

60 Zu Markion (Marcion) und Valentin (Valentinus) vgl. Delius, Marienverehrung, S. 40f.

61 Zitiert nach Roland Fröhlich: Zeichen unter den Völkern. Große illustrierte Kirchengeschichte. Freiburg 1992, S. 36

62 Zu Nestorios vs. Kyrillos vgl. Delius, Marienverehrung, S. 104–111

63 Zitiert nach Fröhlich, Kirchengeschichte, S. 38

64 Zitiert nach Hase, Handbuch, S. 380

65 Th. Kolde: Dogma und Dogmengeschichte. In: Neue Kirchliche Zeitschrift 19 (1908), S. 532

66 Zitiert nach Pelikan, Maria, S. 68

67 Weihnachtspredigt, zitiert nach Marienlexikon, Stichwort «Augustinus»

68 Zitiert nach Marienlexikon, «Augustinus»

69 Zitiert in Pelikan, Maria, S. 15

70 Brief 137 an Volusianus, zitiert nach Marienlexikon, «Augustinus»

71 John Courtney Murray: The Problem of God Yesterday and Today. New Haven 1964, S. 55

72 Vgl. Marienlexikon, «Augustinus»

73 H.G. Wells: Die Geschichte unserer Welt. Berlin 1927, S. 225

74 Ebd. S. 226

75 Schedl, Muhammad und Jesus, S. 171

76 Wells, Geschichte, S. 223

77 Zitiert nach Eberhard Haufe (Hg.): Deutsche Mariendichtung aus neun Jahrhunderten. Frankfurt a. M. 1989, S. 91

78 Hase, Handbuch, S. 382

79 Margarete Herold: Vom Marienbild des deutschen Volkes. In: Katholische Frauenbildung im deutschen Volk, 49. Jg.(1936), S. 542 ff.

80 Nach Hase, Handbuch, S. 383

81 Ebd.

82 Nach Schreiner, Maria, S. 62

83 Shakespeare, Hamlet I / v / 12 f. (Schlegel / Tieck)

84 Hase, Handbuch, S. 382

85 Haufe, Mariendichtung, S. 39 ff.

86 Die Tageszeitung, 17. September 1996

87 Virgil Elizondo in: Concilium, S. 644

88 Zahlen nach Peter Levi: The Life and Times of William Shakespeare. London 1988, S. 69 f.

89 Edith Kresta, Die Tageszeitung, 17. September 1996

90 Zitiert nach Haufe, Mariendichtung, S. 109 ff. Die Übertragung Pfannmüllers aus dem Mittelhochdeutschen (1913) habe ich leicht redigiert.

91 Paradiso, Canto XXXII, 85. Hier meine Übersetzung; im Folgenden – Canto XXXIII – nach Stefan Georges Übertragung, wobei Georges

durchgängige Kleinschreibung aufgehoben wurde.

92 Delius, Marienverehrung, S. 196

93 WA 47, 644,7, zitiert nach Delius, Marienverehrung, S. 210

94 Belege siehe Delius, Marienverehrung, S. 208

95 WA 53,640, zitiert nach Marienlexikon, «Protestantismus»

96 WA 7,582 ff., zitiert nach Delius, Marienverehrung, S. 213

97 WA 11,61; zitiert nach Gottfried Maron: Maria in der protestantischen Theologie. In: Concilium, S. 627

98 Zitiert nach Hase, Handbuch, S. 385 f.; leicht redigiert

99 Zitiert nach Marx-Lexikon, S. 104

100 Max Weber: Die protestantische Ethik und der Geist des Kapitalismus [1920]. In: Gesammelte Aufsätze zur Religionssoziologie I. Tübingen 1988

101 Ebd. S. 23

102 Hamlet II / ii / 316 ff. (Schlegel / Tieck)

103 Hamlet II / ii / 129

104 Hamlet II / ii / 313 ff.

105 Hamlet I / ii / 149

106 Hamlet II / ii / 114

107 Hamlet II / ii / 192 ff.

108 Hamlet II / i / 85 ff.

109 Hamlet IV / vii / 177 ff. Die deutschen Übersetzer haben die Bedeutung von «old lauds» nicht erkannt und «alte Weisen» u. Ä. geschrieben

110 Hamlet V / i / 255

111 Concilium, S. 641

112 Nican Mopohua (Der Nahuatl-Urbericht über Guadalupe, ca. 1550) Vers 23 ff., zitiert in Francis Johnston: So hat er keinem Volk getan. Das Wunder von Guadalupe. Stein am Rhein 1998, S. 187 f.

113 Nican Mopohua Vers 119, zitiert in Johnston, Guadalupe, S. 197

114 Zitiert in Benko, Goddess, S. 227 f.

115 Zitiert in Pelikan, Maria, S. 185

116 Marienlexikon, Stichwort «Fatima»

117 Im folgenden beziehe ich mich, falls nicht ausdrücklich anders vermerkt, auf die ausgezeichnete Darstellung von Hermann Brinkmann: Volksfrömmigkeit im nationalsozialistischen Kirchenkampf: Die Marienerscheinungen zu Heede im Emsland. In: Osnabrücker Mitteilungen Bd. 99 (1994), S. 149 – 183

118 Zur Enzyklika vgl. John S. Conway: Die nationalsozialistische Kirchenpolitik 1933 – 1945. München 1969, S. 183 ff.

119 Bundesarchiv, 403 / 16844

120 «Zwischen Weser und Ems», 1. Dezember 1937, zitiert in Brinkmann, S. 152

121 Brinkmann, S. 161

122 Zitiert in Brinkmann, S. 158. Ewald wurde 1958 emeritiert.

123 Zu Hirsch vgl. Robert P. Ericksen: Theologen unter Hitler. Das Bündnis zwischen evangelischer Dogmatik und Nationalsozialismus. München 1986, S. 222 ff.

124 Christenkreuz und Hakenkreuz. Monatsblatt der Deutschen Christen. H.6 (Dez. 1933), S. 12

125 Ewald, zitiert in Brinkmann, S. 158

126 Zitiert in Brinkmann, S. 167

127 Darstellung nach Gabriele Kuby: Mein Weg zu Maria. München 1998, S. 73 f.

128 Zitiert in Kuby, Maria, S. 59

129 Haufe, Mariendichtung, S. 209

130 Dogmatische Konstitution über die Kirche «Lumen Gentium», 59

131 Hamlet I / v / 166 f. (Fried)

132 Faust. Der Tragödie Erster Teil, Z.382 f.

133 Faust. Der Tragödie Zweiter Teil, Z.1143 f.

134 Ebd. Z.1220 ff.

v. Chr.

20? Maria in Nazaret oder Jerusalem geboren.

7? Jesus in Nazaret oder Betlehem geboren.

n.Chr.

27/28? **Jesus beginnt sein öffentliches Wirken in Galiläa.**

30? **Kreuzigung Jesu und Pfingstereignis in Jerusalem.**

70 Eroberung Jerusalems durch Titus, Zerstörung des Tempels und Flucht der Christen. Spätestens: Tod Marias.

70–100 **Niederschrift der vier kanonischen Evangelien.**

um 100 **Niederschrift der Apokalypse.**

2. Jhdt. Beginn der Marienverehrung; Protevangelium des Jakobus; Auseinandersetzung der Christen mit der Gnosis; Herausbildung des neutestamentarischen Kanons.

um 150 **Montanus begründet einen Marienkult in Kleinasien.** Die Gesamtzahl der Christen beträgt etwa 40 000, weniger als 0,1 % der Reichsbevölkerung.

3. Jhdt. Krise der Antike. Der Manichäismus. Kollyridianer in Thrakien, später Ägypten.

250 Christenverfolgung durch Kaiser Decius. Christen machen etwa 2 % der Bevölkerung des Reichs aus.

4. Jhdt. Das Christentum entwickelt sich zur offiziellen Religion des Römischen Reichs.

ab 303 Christenverfolgung durch Kaiser Diokletian. Christen machen etwa 10 % der Bevölkerung aus.

313 **Die «Konstantinische Wende»: Anerkennung des** Christentums als gleichberechtigte Religion.

325 **1. Ökumenisches Konzil zu Nizäa. Gegen Arius wird die Wesensgleichheit von Vater und Sohn («Homousie») als Dogma festgelegt. Verurteilung der «Marianisten».**

um 350 Mehr als die Hälfte der Reichsbevölkerung ist christlich.

391 Verbot aller heidnischen Kulte durch Kaiser Theodosius.

5./6. Jhdt. Völkerwanderung und Hunneneinfälle; Ende Westroms. Kodifizierung der wichtigsten marianischen Dogmen

431 **3. Ökumenisches Konzil zu Ephesus: Maria ist «Theotokos», Gottesgebärerin.** Das Konzil distanziert sich vom Pelagianismus: Sieg der augustinischen Lehre von der Erbsünde.

451 **4. Ökumenisches Konzil zu Chalkedon: In Jesus Christus sind «zwei Naturen in einer Person» vereint. Maria ist «Aieparthenos», Immerwährende Jungfrau.**

476 Ende des weströmischen Reiches.

496 Papst Gelasius I. erklärt alle nichtkanonischen Evangelien für ketzerisch.

7./8. Jhdt. Entstehung und Siegeszug des Islam. Mönche aus Irland und Schottland missionieren Westeuropa.

622 **Flucht Mohammeds von Mekka nach Medina. Beginn der islamischen Zeitrechnung.**

732 Die Schlachten bei Tours und Poitiers verhindern das Eindringen der Araber von der iberischen Halbinsel nach Frankreich.

9.–11. Jhdt. Das christliche Abendland nimmt Gestalt an.

800 Der Frankenkönig Karl der Große wird zum römischen Kaiser gekrönt.

1096 1. Kreuzzug. Eroberung Jerusalems 1099.

12.–15. Jhdt. Hoch- und Spät-
mittelalter, zugleich Höhepunkt
der europäischen Marienfrömmigkeit.

1231 Die Dominikaner werden
mit der Inquisition beauftragt.

1270 Letzter Kreuzzug.

ab 1314 Dante: Die Göttliche
Komödie.

1453 Türken erobern Konstantinopel. Ende des oströmischen
Reichs.

ab 1454 Gutenberg druckt die
Bibel.

1484–92 Höhepunkt der Deka-
denz unter Papst Innozenz VIII.,
der auch die kirchenrechtliche
Grundlage für die Hexenprozesse
schafft.

1492 Kolumbus entdeckt Amerika.

16.–17. Jhdt. Reformation und
Gegenreformation. Revolutionen
und Religionskriege.

1517 **Luthers 95 Thesen.**

1531 **Marienerscheinung in
Guadalupe (Mexiko)**

1534 Gründung des Jesuitenor-
dens.

1555 Augsburger Religionsfriede.

um 1600 Shakespeare: Hamlet.

1618–48 Dreißigjähriger Krieg.

18.–19. Jhdt. Politische und indu-
strielle Revolution. Aufklärung
und Entzauberung. Das «marianische Jahrhundert» (1854–1954)

1776 Amerikanische Unabhängig-
keitserklärung.

1789 Revolution in Frankreich.

1793 Hinrichtung Louis' XVI.; Unterdrückung des Christentums in
Frankreich (bis 1815).

um 1820 Visionen der Anna
Katharina Emmerich vom
Marienleben.

1830 **Beginn der modernen Marienerscheinungen:** Der Novizin
Catherine Labouré erscheint Maria als «Immaculata» und gibt ihr
den Auftrag, eine «wundertätige
Medaille» prägen zu lassen.

1831 Goethe: Faust II.

1846 Marienerscheinungen vor
Bauernkindern in La Salette.

1848 Das Jahr der europäischen
Revolutionen; Marx / Engels: Das
Kommunistische Manifest.

1854 **Papst Pius IX. verkündet
Dogma der Unbefleckten Empfängnis Mariä.**

1858 Visionen der Bernadette
Soubirous in Lourdes.

1859 Darwin veröffentlicht sein
Hauptwerk.

1870 Das I. Vatikanische Konzil
definiert die päpstliche Unfehl-
barkeit.

1871–78 Bismarcks «Kultur-
kampf» gegen die katholische
Kirche.

1876 Marienerscheinungen in
Marpingen.

20.–21. Jhdt. Neue Weltordnun-
gen. Höhepunkt und Krise des
«Marianismus».

1900 Sigmund Freud: Die Traum-
deutung.

1914–18 Erster Weltkrieg.

1917 Kriegseintritt der USA mit
Programm einer neuen Weltord-
nung (Wilsons 14 Punkte); Revolution in Rußland als Fanal der
Weltrevolution (Lenin). Marienerscheinungen in Fatima.

1932–33 Marienerscheinungen
in Beauraing und Banneux
(Belgien).

1933 Hitler wird Reichskanzler.
Beginn des «Tausendjährigen
Reichs».

1937–40 Marienerscheinungen
in Heede.

1939–45 Zweiter Weltkrieg.
Massenmord an den europäschen
Juden.

1942 **Pius XII. weiht die Welt
dem Unbefleckten Herzen
Marias.**

1945 Atombombe. Gründung
der UNO. **Pius XII. verkündet
marianisches Jahr.**

1950 **Heiliges Jahr. Pius XII. ver-**

kündet Dogma der Assumptio.

1954   Pius XII. erklärt Maria zur «Königin des Alls».

1963–65   Das II. Vatikanische Konzil kritisiert «marianische Exzesse» und leitet eine tiefe «Krise des Marianismus» innerhalb der katholischen Kirche ein.

1978   Der polnische Kardinal und Marienverehrer Karol Wojtyla wird als Johannes Paul II. Papst.

1981   Marienerscheinungen in Medjugorje.

1989   Fall der Berliner Mauer bedeutet Ende des Kommunismus.

2000   Heiliges Jahr. Die erstarkende marianische Bewegung innerhalb der katholischen Kirche fordert die dogmatische Anerkennung Marias als «Co-Redemptrix» (Miterlöserin).

François Villon

Du Himmelskönigin, im Gold und
Blau der Ewigkeit,
Du Schmerzensweib und Leid von
meinem Leid,
nimm meine Stimme gnädig auf zu
Dir!
Ich bin ja nur ein armes Waisenweib,
krümme mich noch tiefer in den
Staub als Wurm und Tier,
ich habe solche Angst in Dein Gesicht hineinzusehn
und kann doch ohne Dich nicht
einen Schritt weit gehn.
*Die Marien-Ballade, die Villon seiner
Mutter gedichtet hat, ca. 1450*

Simone de Beauvoir

Zum ersten Mal in der Geschichte
der Menschheit kniet die Mutter vor
dem Sohne und erkennt aus freien
Stücken ihre Unterlegenheit an. Der
höchste Sieg der Männlichkeit vollendet sich im Marienkult: er bedeutet die Rehabilitierung der Frau
durch die Vollkommenheit ihrer Nie-
derlage.
Das andere Geschlecht, 1950

Luise Rinser

Im Johannes-Evangelium bekam die
Menschheit eine Mutter. [...] Das
heißt: mit dem Tod des Christus tritt
das männliche Element zurück und
das weibliche bekommt Bedeutung.
Maria als Projektion des Weiblichen
in Gott. Die Inthronisierung der Ani-
ma [...]. Was für eine tröstliche Vorstellung: da ist eine Kraft im Univer-
sum, die uns mütterlich umhüllt.
Winterfrühling, 1982

Ruth Ahl

Daß Maria ‹Jungfrau› ist, wird [...]
verstanden als Ganz-Sein der Frau
[...], die nicht von Mannes Gnaden
lebt, sondern von Gottes Gnade erfüllt ist, so erfüllt, daß sie neues gött-
liches, geistgewirktes Leben aus sich
heraus gebiert.
Unser Weg mit Maria, 1989

Johann Gottfried Herder

Haben die Griechen uns alles vor-
weggenommen, und sind nicht nach
und hinter ihnen andere, feinere und
sittlichere Ideale möglich? [...] Man
humanisierte seine Religionsbegriffe,
und so trat vor allem andern die gebenedeite Jungfrau, die Mutter des
Weltheilandes in einer eignen Idee
hervor, zu der ihr die griechischen
Musen nicht halfen. [...] Keuschheit
also und mütterliche Liebe, Unschuld des Herzens und jene Demut,
die in der größesten Hoheit sich
nicht selbst kennet, die in tiefer Ar-
mut die seligste ihres Geschlechts
ist; diese neue Form der Menschheit
ward vom Himmel gerufen; ein Mari-
en-Charakter.
*Briefe zur Beförderung der Humanität,
1792–1797*

Heinrich Heine

Ich war immer ein Dichter, und deshalb mußte sich mir die Poesie, welche in der Symbolik des katholischen
Dogmas und Kultus blüht und lodert,
viel tiefer als andern Leuten offenbaren [...]: auch ich schwärmte manchmal für die hochgebenedeite Königin
des Himmels, die Legenden ihrer
Huld und Güte brachte ich in zierli-
che Reime, und meine erste Gedicht-
sammlung enthält Spuren dieser
schönen Madonna-Periode, die ich
in spätern Sammlungen lächerlich
sorgsam ausmerzte.
Geständnisse, 1854

Hermann Hesse

[...] es ist eigentlich schade, daß ich
gar nicht Katholik bin und gar nicht
richtig zu ihr beten kann. Was ich in-
dessen dem heiligen Antonius und
dem heiligen Ignatius nicht zutraue,
das traue ich doch der Madonna zu:

daß sie auch uns Heiden verstehe und gelten lasse. Ich erlaube mir mit der Madonna einen eigenen Kult […], als Symbol der Seele, als Gleichnis für den lebendigen, erlösenden Lichtschein, der zwischen den Polen der Welt, zwischen Natur und Geist, hin und wider schwebt und das Licht der Liebe entzündet, ist mir die Mutter Gottes die heiligste Gestalt aller Religionen […].
Das Madonnenfest im Tessin, 1924

Jürgen Moltmann
Mariologie – das wird man ehrlich und nüchtern feststellen müssen – hat bisher eher antiökumenisch als proökumenisch gewirkt. Die immer weiter entwickelte Mariologie hat Christen von Juden, die Kirche vom Neuen Testament, die evangelischen Christen von den katholischen Christen und die Christen insgesamt von den modernen Menschen entfernt.
Gibt es eine ökumenische Mariologie? 1983

David Flusser
Ich bin als Jude den meisten Protestanten gegenüber in der paradoxen Lage, daß ich in bezug auf Maria nicht in Gefahr bin, mit einem zwangsneurotischen Ressentiment automatisch reagieren zu müssen. […] Ein Jude ist fähig, die Heiligkeit zu erleben. Darum scheint es mir, daß es für einen Juden nicht dieselben Hemmungen geben würde, ein Verständnis für die Heiligung Mariens in der Kirche entgegenzubringen […].
Maria und Israel, 1985

Carl Gustav Jung
[Das Assumptionsdogma halte ich], nebenbei gesagt, für das wichtigste religiöse Ereignis seit der Reformation […]. Daß eine physisch unmögliche Tatsache behauptet wird, tut überhaupt nichts zur Sache, denn alle religiösen Behauptungen sind physische Unmöglichkeiten. […] Die Konsequenz der päpstlichen Deklaration ist nicht zu überbieten und überläßt den protestantischen Standpunkt dem Odium einer bloßen Männerreligion, die keine metaphysische Repräsentation der Frau kennt; ähnlich dem Mithraismus, welchem dieses Präjudiz sehr zum Nachteil gereicht hat. Der Protestantismus hat offenbar die Zeichen der Zeit, die auf die Gleichberechtigung der Frau hinweisen, nicht genügend beachtet. Die Gleichberechtigung verlangt nämlich ihre metaphysische Verankerung in der Gestalt einer «göttlichen» Frau, der Braut Christi.
Antwort auf Hiob, 1952

Elisabeth Burmeister
Maria / behalte dein glattes Gesicht
die falsche Demut / den falschen Verzicht
den falschen Gehorsam / die falsche Pflicht
die falsche Geduld bis zum jüngsten Gericht –
ich WILL sie nicht / hörst du / ich will sie nicht!
Schlangenbrut, 1983

Ruth Misselwitz
Diese Maria ist heute das Symbol für den Befreiungskampf lateinamerikanischer Bäuerinnen. Sie ist die Aufforderung für viele Frauen, sich nicht mit den bestehenden Verhältnissen abzufinden, sich nicht demütig in das Schicksal zu fügen, sondern sich aufzulehnen gegen Ungerechtigkeit und Unterdrückung. Wo Himmel und Erde sich treffen: Maria – eine Frau, die über sich hinauswächst und Grenzen überschreitet.
In: «Publik-Forum» 24, 1992

The Beatles
When I find myself in times of trouble / Mother Mary comes to me / Speaking words of wisdom: / Let it be.
Let It Be, 1969

Kommentierte Auswahlbibliographie

«Niemand, der über Maria ein Buch schreibt, hat alles gelesen und verarbeitet, was für eine abgerundete Darstellung seines Gegenstandes erforderlich wäre», schrieb Klaus Schreiner 1994. Bereits 1959 zählte Hans Freiherr von Camphausen über 100 000 mariologische Titel. Die folgende Auswahl listet nur Werke auf, die für eine erste Orientierung unentbehrlich sind. Alle Titel enthalten Bibliographien oder weiterführende Hinweise.

1. Hilfsmittel und Nachschlagewerke

Bäumer, Remigius, und Leo Scheffczyk (Hg.): Marienlexikon. 6 Bde. Hg. im Auftrag des Institutum Marianum Regensburg. St. Ottilien 1988 ff.

Beinert, Wolfgang, und Heinrich Petri (Hg.): Handbuch der Marienkunde. 2 Bde. Regensburg 1996

Kümmel, Werner Georg: Vierzig Jahre Jesusforschung (1950–1990). Bonner Biblische Beiträge 91, hg. von Helmut Merklein. Weinstein 1994

Wer wissen will, welche Rolle Bernhard von Clairvaux in der Entwicklung der Mariologie spielt oder wie Marc Chagall das Thema Maria in seinen Bildern behandelt, findet im **Marienlexikon** eine Auskunft aus katholischer Sicht, für deren Zuverlässigkeit die wissenschaftliche Kompetenz der Herausgeber bürgt. Das **Handbuch der Marienkunde** ist ökumenisch konzipiert. Fundierte Aufsätze namhafter Autoritäten geben einen Überblick über beinahe jeden wichtigen Aspekt der Mariologie.
Jedes Jahr erscheinen zahlreiche mehr oder weniger seriöse Bücher über Jesus Christus, in denen auch seine Mutter eine größere oder kleinere Rolle spielt. **Vierzig Jahre Jesusforschung** bietet einen kommentierten Überblick über die neuere Literatur vom Standpunkt eines bedeutenden deutschen Neutestamentlers.

2. Maria im Neuen Testament, in den Apokryphen und im Koran

Brown, Raymond E., Karl P. Donfried, Joseph A. Fitzmyer und John Reumann (Hg.): Maria im Neuen Testament. Eine Gemeinschaftsstudie von protestantischen und römisch-katholischen Gelehrten. Stuttgart 1981

Hagemann, Ludwig, und Ernst Pulsfort: Maria, die Mutter Jesu, in Bibel und Koran. Würzburg 1992

Lüdemann, Gerd: Jungfrauengeburt? Die wirkliche Geschichte von Maria und ihrem Sohn Jesus. Stuttgart 1997

Räisänen, Heikki: Die Mutter Jesu im Neuen Testament. Helsinki 1969, Nachdruck 1989

Schedl, Claus (Hg.): Muhammad und Jesus. Die christologisch relevanten Texte des Koran. Neu übersetzt und erklärt [...]. Wien 1978

Grundlage jeder Beschäftigung mit Maria sind die Zeugnisse in den kanonischen Evangelien. Wichtig für das Verständnis der Marienverehrung im Mittelalter sind die apokryphen Evangelien; für den Dialog mit dem Islam die Zeugnisse im Koran.
Maria im Neuen Testament enthält alle auf Maria bezogenen Texte im NT nebst ausführlicher und gelegentlich kontroverser Erörterung ihrer Bedeutung sowie Hinweise auf die frühchristliche Literatur (Apokryphen und Schriften der Kirchenväter). Das Buch ist in der angelsächsischen Tradition wissenschaftlich fundiert und dennoch verständlich ge-

*schrieben: für Laien der beste Einstieg. Das Buch von **Hagemann und Pulsfort** enthält die auf Maria bezogenen Texte des NT und des Koran mit Erläuterungen von einem katholischen Standpunkt aus. Trotz des reißerischen Titels handelt es sich beim Buch des Göttinger Professors **Lüdemann** um eine seriöse Auseinandersetzung mit den biblischen und apokryphen Zeugnissen sowie der Entwicklung der Mariologie. **Räisänen** hat die Grundlage geschaffen, auf der die o.g. Werke bauen. Keine leichte Lektüre für Laien, vor allem wegen der vielen griechischen Zitate, aber lohnend. **Schedl** ist unentbehrlich zum Verständnis des Islam in seinem Verhältnis zum Christentum.*

*Die Darstellung des Protestanten **Delius** bleibt das grundlegende Werk zur Entwicklung der Mariologie, für Laien wegen der Gedrängtheit des Materials und der zahlreichen griechischen Zitate schwer lesbar, aber trotzdem unentbehrlich. **Pelikan** ist ein vorzüglicher Kenner des Materials, insbesondere der Dogmenentwicklung. Sein Buch sollte verstanden werden als Dialog mit **Warner**, deren inzwischen klassische feministische Studie nach wie vor Maßstäbe setzt. **Schreiner** behandelt kenntnisreich die Marienfrömmigkeit im Mittelalter. Sehr nützlich zum Verständnis der Bildsprache mittelalterlicher Kunst und Dichtung.*

3. Marienleben

Ben-Chorin, Schalom: Mutter Mirjam. Maria in jüdischer Sicht. München 1994 (zuerst 1971)

*Jeder Versuch einer «Biographie» Marias scheitert am Mangel zuverlässiger Quellen. Die meisten Arbeiten muß man in den Bereich der Belletristik verweisen. Einen ernstzunehmenden Versuch, die Lebensumstände dieser jüdischen Frau zu rekonstruieren, bildet **Ben-Chorins** Arbeit, Teil seiner «Heimkehr»-Trilogie, in der neben Maria auch Jesus und Paulus aus jüdischer Sicht betrachtet werden.*

4. Geschichte der Marienverehrung

Delius, Walter: Geschichte der Marienverehrung. Basel 1963
Pelikan, Jaroslav: Maria. 2000 Jahre in Religion, Kultur und Geschichte. Freiburg 1999
Schreiner, Klaus: Maria. Jungfrau, Mutter, Herrscherin. München 1994
Warner, Marina: Maria: Geburt, Tri-

umph, Niedergang – Rückkehr eines Mythos. München 1982

5. Marianische Themen heute

Hierzenberger, Gottfried, und Otto Nedomansky: Erscheinungen und Botschaften der Gottesmutter Maria. Vollständige Dokumentation durch zwei Jahrtausende. Augsburg 1996
Küng, Hans, und Jürgen Moltmann (Hg.): Concilium. Internationale Zeitschrift für Theologie 10 (1983) [Themenheft «Maria»]
Johannes Paul II.: Maria – Gottes Ja zum Menschen. Freiburg 1987 [Enthält die Enzyklika «Redemptoris Mater. Über die selige Jungfrau Maria im Leben der pilgernden Kirche» (25. März 1987), sowie eine «Hinführung» von Joseph Kardinal Ratzinger.]
Schöpsdau, Walter (Hg.): Mariologie und Feminismus (Bensheimer Hefte 64). Göttingen 1985

Zu den wichtigsten marianischen Themen an der Jahrtausendwende gehören: die Rolle Marias im Dialog zwischen den Konfessionen; die Bedeutung Marias für die Frau; die Zunahme von Marienerscheinungen; die Frage der dogmatischen

Weiterentwicklung der Mariologie. *Hierzenberger und Nedomansky* gehen nicht sehr kritisch mit ihrem Material um; dennoch ist ihr Buch ein nützliches Nachschlagewerk. Die ökumenische Zeitschrift **Concilium** gibt in ihrem Marienheft einen Überblick über Gemeinsamkeiten und Unterschiede verschiedener Bekenntnisse. **Schöpsdau** dokumentiert die vielfältigen und kontroversen Positionen innerhalb der feministischen Theologie. Ihren konzentriertesten Ausdruck findet die heutige Mariologie der römisch-katholischen Kirche in der Enzyklika des großen Marienverehrers **Johannes Paul II.**

Namenregister

Da es zuweilen schwierig ist, zwischen historischen und mythischen Gestalten oder historischen und mythischen Aspekten einer Gestalt sauber zu unterscheiden, wird in diesem Register darauf verzichtet. Es finden sich hier also historische Gestalten, Gestalten aus Bibel und Koran sowie heidnische Gottheiten. Nicht aufgenommen, wegen ihres häufigen Vorkommens, sind Maria und Jesus selbst und der Gott der Juden, Christen und Muslimen beziehungsweise die «Personen» der christlichen Trinität: Vater, Sohn und Heiliger Geist.

Die kursiv gesetzten Zahlen bezeichnen die Abbildungen

ÜBER DEN AUTOR

Alan Posener, Jahrgang 1949, freier
Schriftsteller, Publizist und Übersetzer in Berlin. Buchveröffentlichun-
gen (Auswahl): Literatur der Welt:
William Shakespeare. 2 Bde., Salz-
burg 1982 (Hg. mit Gerhard Maier);
Duographie Stalin/Roosevelt, Hamburg 1993; John F. und Jacqueline
Kennedy, Reihe «Paare», Rowohlt·
Berlin 1997; in der Reihe rowohlts
monographien die Bände über John
Lennon (1987), John F. Kennedy
(1991), Elvis Presley (mit Maria Posener, 1993), William Shakespeare
(1995) und Franklin Delano Roose-
velt (1999).

DANKSAGUNG

Für ihre besondere Hilfe bei der
Recherche zu diesem Buch danke
ich Paul Badde in München; Rodena
Gerasi und ihrer Familie sowie meinen sehr offenen Gesprächspartnern
von der römisch-katholischen und
der griechisch-orthodoxen Gemeinde
in Nazaret; George (Kevork) Hintlian
in Jerusalem; Ruth und Michael Otto-
lenghi in Ein Kerem; Hanna und
Yochanan Peres in Ramat Hasharon.
Es versteht sich von selbst, daß Feh-
ler und Fehlurteile allein vom Autor
zu verantworten sind.